Y vió también una viuda pobrecilla....

Lucas 21:2

RUTH

Una parábola viviente de Jesucristo

ISBN: 978-0-9834774-1-9

Índice

Prefacio

1 Pedro 2:21 Porque para esto sois llamados; pues que también Cristo padeció por nosotros, dejándonos ejemplo, para que vosotros sigáis sus pisadas

Lo sorprendente es que sin la cruz, ninguna de las imágenes que se encuentran en esta historia podría verse. Simplemente no estarían ahí. Sólo con el advenimiento de Jesucristo, con su sufrimiento y muerte, la historia de esta familia, con los sufrimientos y muertes que experimentaron, adquiere un significado que trasciende la muerte y llega más allá de los cielos.

Sin la cruz, nunca habría experimentado la gracia de Dios de poder ver los tesoros escondidos en esta narrativa y compartirlos con ustedes. Pero incluso después de experimentar Su gracia salvadora, requirió sufrimiento y pérdida incluso de nuestra parte. En abril de 1991, mi esposa Sarah y yo perdimos a nuestro hijo Jeremy, de cinco años. Lo dejamos al cuidado de una niñera durante un día y se ahogó en un río. Conocemos personalmente la devastación; no un amigo, sino parte de todas las cosas.

Romanos 8:28 Y sabemos que para los que aman a Dios, todas las cosas cooperan para bien, esto es, para los que son llamados conforme a su propósito. (LBLA)

Así pues, tenemos estos cuatro pequeños capítulos; esta narración histórica que nos muestra la grandeza de Dios, que continuamente obra todas las cosas para nuestro bien, incluso cuando desearíamos la muerte. En este proceso de ser conformados a Su semejanza, debemos aprender que el sufrimiento es parte de lo que Él es. Y nosotros debemos ser como Él.

Romanos 8:18 Pues considero que los sufrimientos de este tiempo presente no son dignos de ser comparados con la gloria que nos ha de ser revelada. (LBLA)

J. C. Farris

Introducción

Acerca del libro de Ruth

Como la historia comienza *en los días en que gobernaban los jueces* (Ruth 1:1), el libro de Ruth se sitúa adecuadamente después del libro de los Jueces, y delante del 1 Samuel. Tiende un puente entre la época de los jueces y los días en que los reyes gobernaban en Israel, con la genealogía al final de Ruth que proporciona el linaje del rey David.

Nadie sabe quién escribió el libro de Ruth, aunque la tradición atribuye su composición a Samuel, el profeta que ungió a David como rey de Israel (1 Samuel 16:1-13). La práctica común de los reinos de mantener registros genealógicos de sus reyes se remonta al principio de la historia registrada. Como Ruth es la fuente más antigua de la genealogía de David en la Biblia, es probable que se escribiera durante el reinado de David, alrededor del año 1000 a. C.

Buscando a Jesús

Juan 5:39 Examináis las Escrituras porque vosotros pensáis que en ellas tenéis vida eterna; y ellas son las que dan testimonio de mí; (LBLA)

Siempre que buscamos a alguien, nos ayuda saber algunas cosas sobre esa persona. Así que para ver a Jesús mientras leemos las Escrituras (el Antiguo Testamento), necesitamos saber algunas cosas sobre Él. Es bueno tener algún conocimiento de las narraciones evangélicas (Mateo, Marcos, Lucas y Juan), que recogen sus acciones y enseñanzas, y lo revelan como el Hijo de Dios que murió en la cruz por nuestros pecados y resucitó al tercer día. También ayuda estar familiarizado con las cartas del Nuevo Testamento (o epístolas, como se llaman propiamente), ya que explican lo que Jesús logró en la cruz; por qué la cruz era necesaria; Su resurrección, ascensión, el envío del Espíritu Santo, y lo que Él está haciendo ahora a través del poder de Su Espíritu. También nos proporcionan información sobre cosas como el bautismo, la redención, la gracia, la intercesión, la obra del Espíritu Santo y muchos otros detalles que nos ayudan a comprender mejor en qué consiste Jesús.

Cuando conocemos estas cosas, podemos empezar a ver los paralelismos con Jesús que aparecen en todo el Antiguo Testamento, y particularmente aquí, en el libro de Ruth. Comprender esto nos permite captar el mensaje más allá de la historia; esta parábola viviente de Jesucristo.

Parábola

παραβολή

parabolē

1) colocación de una cosa al lado de otra, yuxtaposición, como de barcos en batalla

2) metafóricamente

   2a) comparación, comparación de una cosa con otra, semejanza, similitud

   2b) ejemplo con el que se ilustra una doctrina o precepto

Léxico Griego del Nuevo Testamento de Thayer

———————

Parábolas vivas

… nada hago de mí mismo; mas como el Padre me enseñó, esto hablo. - Juan 8:28

Jesús enseñó utilizando parábolas. Usó ilustraciones terrenales para ayudar a la gente a entender cosas sobre Dios y Su reino. Contó historias de situaciones con las que la gente estaba familiarizada; cosas que sucedían realmente en la vida cotidiana. En ese sentido, las historias que contaba eran verdaderas. Una mujer buscó una moneda (Lucas 15:8-10). Un hombre esperó a su hijo (Lucas 15:11-32). Un rey celebró una fiesta (Mateo 22:1-14). Al enseñar en parábolas, Jesús no estaba haciendo nada nuevo, pues Dios ya nos había estado hablando de esta manera a lo largo del Antiguo Testamento. Cuando Jesús habla en parábolas, simplemente demuestra que sigue el ejemplo de su Padre.

Al analizar las narraciones del Antiguo Testamento, no es difícil encontrar en ellas similitudes con la vida y la obra de Cristo. Los eruditos bíblicos llaman a estas similitudes, *tipos*. Hay *tipos* de Cristo en las historias de José y Moisés, por ejemplo. Como estas historias encajan bien con el mensaje del evangelio, prefiero llamarlas *parábolas vivientes*. Son parábolas de la historia registrada, y hay muchas de ellas. Jesús compartió algunas de ellas durante Su tiempo aquí en la tierra; como ésta, que compartió con un hombre llamado Nicodemo:

Juan 3:14 Y como Moisés levantó la serpiente en el desierto, así es necesario que el Hijo del hombre sea levantado; 3:15 Para que todo aquel que en él creyere, no se pierda, sino que tenga vida eterna.

Jesús hablaba de la época en que los israelitas morían por la mordedura de serpientes venenosas (Números 21:5-9). Para remediar la situación, Dios instruyó a Moisés que hiciera una serpiente de bronce y la colocara en un asta para que cualquiera que fuera mordido se curara con sólo mirar a la serpiente en el asta. De la misma manera, Jesús también sería levantado (en la cruz), para que todo el que crea en Él pueda tener vida eterna.

La historia de la serpiente en el palo es una parábola viviente; una historia que encaja bien con lo que Jesús iba a hacer en la cruz.

2 Corintios 5:21 Al que no conoció pecado, le hizo pecado por nosotros, para que fuéramos hechos justicia de Dios en Él. (LBLA)

Es normal que Dios escriba significados más profundos en las historias y vidas de Su pueblo. Lo encontramos una y otra vez a lo largo de Su Palabra escrita. Como veremos, Ruth no es una excepción. De hecho, es probablemente una de las parábolas vivientes más poderosas de la Biblia.

GOEL

גָּאַל

gâ'al *gaw-al'*

Raíz primitiva, redimir (según la ley oriental de parentesco), es decir, ser el pariente más próximo (y como tal recomprar la propiedad de un pariente, casarse con su viuda, etc.): - X de cualquier manera, X en absoluto, vengador, liberar, (hacer, cumplir la parte de pariente cercano, próximo), comprar, rescatar, redimir (-er), vengador.

- *Diccionario hebreo de Strong*

GOEL - El Pariente Redentor

En el libro de Ruth, toda la historia gira en torno al *goel*. El goel (pronunciado correctamente, gaw-al') era una designación hebrea para el hombre responsable de sus parientes más próximos, en caso de desgracia o tragedia. Sabemos por las Escrituras que su responsabilidad era al menos cuádruple.

El *goel* podía redimir la propiedad (Levítico 25:25). Si su hermano se empobrecía y se veía obligado a vender su propiedad, el *goel*, si podía, podía volver a comprarla y devolvérsela a su hermano. También podía rescatar a un hermano de la esclavitud (Levítico 25:47-49). El *goel* era también el *vengador de la sangre*. Si un miembro de la familia era asesinado, el goel tenía el deber de matar al asesino (Deut. 19:11-12). Por último, el *goel* podía restablecer el nombre del muerto entre su pueblo. Si un hermano o pariente cercano moría y dejaba a una viuda sin descendencia, el *goel* debía casarse con ella, y su hijo primogénito continuaría el nombre del hermano que había muerto, para que su nombre no fuera cortado de Israel (Deut. 25:5-6).

Las Escrituras hebreas llaman a este hombre el *goel*. Nosotros lo llamamos el pariente-redentor.

Introducción al relato

Aparte de los matices teológicos (esas parábolas vivientes) que recorren toda la narración, Ruth contiene todo lo que cabe esperar encontrar en una historia bien escrita de tragedia, amor, esperanza y restauración. Comienza con una hambruna y se hunde en una espiral de desesperanza y desesperación con la muerte de Elimelec y sus dos hijos, para luego aferrarse a un hilo de mera existencia mientras la viuda Ruth trabaja los campos para procurarse alimentos a sí misma y a Noemí, su suegra viuda.

Entra Booz, y la historia empieza a pasar de la desesperación a la esperanza. Booz es una especie de héroe oculto hasta el final del segundo capítulo. Ruth no conoce a este hombre más allá de su nombre, de que es el dueño del campo donde ella trabajaba y de que la trataba muy bien.

La historia alcanza su primer clímax cuando Noemí se entera de que es Booz el dueño de la tierra, y que fue bondadoso con Ruth. Esto es a la vez una sorpresa y una fuente de esperanza y alegría para Noemí. También es una sorpresa para quien lee (o escucha) por primera vez el texto hebreo, pues la revelación de Booz a Noemí se convierte en la revelación del *goel* a todo el mundo (es la primera vez que aparece *el goel* en la historia). Booz es el goel, el pariente-redentor del difunto marido de Noemí.

Esto pone en marcha algo de planificación y estrategia, algo de asunción de riesgos y otra sorpresa culminante, con un giro y un secretismo que conducen a un final glorioso; que es también un nuevo comienzo. Lo mejor de todo es que se trata de historia real, con Dios al mando.

Capítulo 1

La hambruna

... *el hombre no vivirá de solo pan, ...*

- *Deuteronomio 8:3*

Cada vez que Dios crea una perturbación para restaurar a su pueblo, las personas se ven afectadas de diversas maneras y reaccionan en consecuencia. Es aquí donde encontramos la mano de Dios actuando en las vidas individuales. El libro de Ruth relata una de estas experiencias.

Ruth 1:1 Y ACONTECIÓ en los días que gobernaban los jueces, que hubo hambre en la tierra. Y un varón de Beth-lehem de Judá, fué á peregrinar en los campos de Moab, él y su mujer, y dos hijos suyos.
1:2 El nombre de aquel varón era Elimelech, y el de su mujer Noemi; y los nombres de sus dos hijos eran, Mahalón y Chelión, Ephrateos de Beth-lehem de Judá. Llegaron pues á los campos de Moab, y asentaron allí.

Ezequiel 14:21 nos dice que el *hambre* es uno de los cuatro juicios severos de Dios. Ruth comienza con una hambruna durante los días de *los jueces.* Eran tiempos turbulentos, pues los hijos de Israel hacían lo malo ante los ojos de Jehová y se apartaban repetidamente de Dios para servir a los dioses de los pueblos de la tierra (Jueces 2:11-12; 3:7, 12; 4:1; 6:1; 10:6; 13:1). La *hambruna* física aquí en Ruth bien pudo haber sido el resultado de una hambruna espiritual, ya que el pueblo se apartaba continuamente de su verdadera Fuente de vida.

Deuteronomio 8:3 *el hombre no vivirá de solo pan, mas de todo lo que sale de la boca de Jehová vivirá el hombre.*

15

Dios trabaja en las cosas pequeñas. Nuestra tendencia es buscarlo en las cosas grandes. Aunque la historia de Su actividad muestra algunas ocasiones para ello, la mayoría de las veces Él actúa donde nadie está mirando, y donde uno nunca esperaría. Y la grandeza se encuentra sorprendentemente en las cosas pequeñas.

En Ruth, encontramos a Dios actuando en una hambruna que llevó a un hombre llamado Elimelec a abandonar su hogar y trasladar a su familia a Moab.

Y quedó ella

Porque á vosotros es concedido por Cristo, no sólo que creáis en él, sino también que padezcáis por él,

Filipenses 1:29

Génesis 2:24 Por tanto, dejará el hombre á su padre y á su madre, y allegarse ha á su mujer, y serán una sola carne.

Ruth 1:3 Y murió Elimelech, marido de Noemi, y quedó ella con sus dos hijos;
1:4 Los cuales tomaron para sí mujeres de Moab, el nombre de la una Orpha, y el nombre de la otra Ruth; y habitaron allí unos diez años.
1:5 Y murieron también los dos, Mahalón y Chelión, quedando así la mujer desamparada de sus dos hijos y de su marido.

Esta historia comienza con una tragedia. Y aunque se trata de una historia muy antigua, haríamos bien en entenderla como algo que sucedió realmente a personas reales en tiempo real. Se nos presentan Elimelec y sus dos hijos. Los tres murieron prematuramente, dejando atrás a sus esposas, que obviamente habrían quedado traumatizadas. Noemí, la mujer de Elimelec, fue la más afectada, pues perdió a su marido y a sus dos hijos. Cuando murió el marido de Noemí, murió su propia carne. Cuando sus dos hijos murieron, ella perdió su propia carne y sangre. La herida de Noemí era profunda; y su dolor, real.

Al igual que los nervios seccionados en un traumatismo físico, el duelo conlleva una especie de entumecimiento, mezclado con un dolor emocional errático y agonizante.

Acostumbrados a tener a un ser querido con nosotros todo el tiempo, podemos sentir que sigue *aquí*. La sensación general es que están en la habitación de al lado, o fuera, en algún lugar, y esperamos volver a verlos como de costumbre. Pero ese mismo momento trae consigo el sombrío recordatorio. Es como perder un brazo. Estás tan acostumbrado a tenerlo ahí que esperas usarlo, pero ya no está. Has perdido una parte de ti mismo.

Cuando comienza el dolor, es insoportable. Durante semanas, meses, a veces años, una pena abrumadora inunda el alma esporádicamente, y llorar a gritos es normal. No nos equivoquemos. Naomi estaba absolutamente devastada. Pero aun así, Dios tenía el control; y lo sigue teniendo. Y sí, he pasado por ese camino.

Romanos 8:18 Porque tengo por cierto que lo que en este tiempo se padece, no es de comparar con la gloria venidera que en nosotros ha de ser manifestada.

El valle de Noemí fue el comienzo de su ascenso a una montaña de gloria. Esto lo sabemos. Tenemos el resto de su historia. Y podemos tener la misma confianza a medida que nuestros historias continúan, con Dios en control.

Romanos 15:4 Porque las cosas que antes fueron escritas, para nuestra enseñanza fueron escritas; para que por la paciencia, y por la consolación de las Escrituras, tengamos esperanza.

La guerra

Entonces el dragón fué airado contra la mujer

Apocalipsis 12:17

Génesis 3:15 Y enemistad pondré entre ti y la mujer, y entre tu simiente y la simiente suya; ésta te herirá en la cabeza, y tú le herirás en el calcañar.

Ruth, en su contexto bíblico apropiado, ocupa su lugar como un teatro en una guerra que Dios había declarado siglos antes.

Génesis 3:13 Entonces Jehová Dios dijo á la mujer: ¿Qué es lo que has hecho? Y dijo la mujer: La serpiente me engañó, y comí.
3:14 Y Jehová Dios dijo á la serpiente: Por cuanto esto hiciste, maldita serás entre todas las bestias y entre todos los animales del campo; sobre tu pecho andarás, y polvo comerás todos los días de tu vida:
3:15 Y enemistad pondré entre ti y la mujer, y entre tu simiente y la simiente suya; ésta te herirá en la cabeza, y tú le herirás en el calcañar.

Inmediatamente después de la tentación y caída de Adán y Eva, Dios declaró la guerra. Nombró a los participantes: la serpiente (también llamada Satanás, Ap. 12:9), y la mujer. Esta guerra se extendería a través de las generaciones, entre la simiente de la serpiente y la simiente (descendientes) de la mujer (*entre tu simiente y la simiente suya*). Al final, la semilla de la mujer derrotaría a la serpiente (*heriría su cabeza*), pero no sin ser herida (la serpiente *heriría su calcañar*).

Desde entonces, ha habido una guerra espiritual. En retrospectiva, podemos ver la devastación: de Caín asesinando a Abel (Génesis 4:8); de la violencia que condujo al Gran Diluvio (Génesis 6:13); del intento del Faraón de matar a todos los bebés hebreos varones (Éxodo 1:16); de la matanza de los niños de

21

Belén por parte del rey Herodes (Mateo 2:16). Satanás y su semilla no dejaron piedra sin mover en su implacable persecución para detener a la semilla prometida; la semilla de la mujer.

Dentro de esta línea de progresión en esta batalla de los siglos, Ruth se abre con una victoria para el diablo: tres muertos, y ninguna semilla. Pero esta historia no ha terminado; y si estás leyendo esto, tampoco la tuya.

La parábola viviente

Cuando parece que las cosas se están desmoronando, puede que en realidad estén encajando en su sitio.

- fuente desconocida

Juan 12:24 En verdad, en verdad os digo que si el grano de trigo no cae en tierra y muere, se queda solo; pero si muere, produce mucho fruto.

La Palabra de Dios es polifacética. Es multidimensional. Es sencilla, pero insondable. Pero si al escudriñar las Escrituras encontramos a Jesús, tenemos todo lo que necesitamos.

En hebreo, el nombre, Elimelech, significa *Dios es Rey*. Mahlon significa *debilidad, o enfermo*. Chilion significa *lamentable*. La nación de Moab se llamó así por su fundador, que era hijo del sobrino de Abraham, Lot, y de la hija primogénita de Lot (Génesis 19:36-37). Ella lo llamó Moab, que significa, *de su padre*. Hay una razón por la que se nos dan todos estos nombres aquí al comienzo del libro de Ruth.

Proverbios 25:2 Es gloria de Dios encubrir una cosa, pero la gloria de los reyes es investigar un asunto. (LBLA)

No podemos dejar de mencionar la importancia de estos nombres. Fueron plantados en el contexto de esta narración histórica, y permanecieron allí sin que se les prestara mucha atención durante siglos; hasta que vino Jesús. Jesús es el que cambia las reglas del juego. Como el sol y la lluvia, Él trae luz y vida en los lugares más inesperados. "*Escudriñad las Escrituras*", nos dice. "*Ellas dan testimonio de mí*" (Juan 5:39). En *Ruth*, los nombres son esenciales en esta parábola viviente de Jesucristo.

Belén significa *Casa del Pan*. Judá significa *Alabanza*. La historia sencilla es que Elimelec abandonó Belén de Judá para vivir en la tierra de Moab, donde murieron él y sus dos hijos.

La parábola viviente dice esto: *Dios es Rey* dejó la *Casa del Pan* en la tierra de *Alabanza* para morar en una tierra extranjera llamada, *de Su Padre*. Dios es Rey murió allí con sus dos hijos, *Debilidad* y *Lamentable*.

La realidad es Jesucristo. Él es *Dios* encarnado y *Rey* de reyes. Dejó Su *Casa* (Él mismo es el *Pan*: el Pan de vida - Juan 6:48). Dejó Su tierra, la morada de la *Alabanza* eterna. Vino a este mundo como a una tierra extranjera, y era *de Su Padre*.

Como en el caso de Elimelec, otros dos hombres murieron con Cristo. Jesús fue contado con los transgresores (Isaías 53:12; Marcos 15:28). Los dos hombres crucificados a ambos lados de Él murieron como resultado de sus propias malas elecciones en la vida. Podríamos etiquetarlos fácilmente como *Debilidad* y *Lamentación*. Uno de ellos iría con Jesús al Paraíso (Lucas 23:43). Y uno de los hijos de Elimelec se casó con Ruth. *Hay esperanza más allá de la tumba.*

El oído que oye

Como el agua fría al alma sedienta, así son las buenas nuevas de lejanas tierras.

Proverbios 25:25

Para protegerse del peligro de los forajidos y las fieras, la gente viajaba en caravana en la antigüedad. Y no es improbable que, a lo largo de los años, uno viera caras conocidas una y otra vez cuando los viajeros atravesaban la región. Podían traer consigo alimentos y mercancías de los lugares donde habían estado. También podían traer noticias de lugares lejanos.

Ruth 1:6 Entonces se levantó con sus nueras, y volvióse de los campos de Moab: porque oyó en el campo de Moab que Jehová había visitado á su pueblo para darles pan.
1:7 Salió pues del lugar donde había estado, y con ella sus dos nueras, y comenzaron á caminar para volverse á la tierra de Judá.

Se corrió la voz de que *Jehová había visitado a su pueblo* en Judá dándoles pan. Recuerde que Judá significa *alabanza*. Estas fueron buenas noticias de *la tierra de la alabanza*. Noemí *lo escuchó* y *creyó* lo que escuchó. Eso se llama *fe*. Al oír esta palabra acerca de lo que Dios había hecho, ella dejó su *lugar* en Moab para regresar a la tierra de Judá. Esto es fe en acción.

Romanos 10:17 Luego la fe es por el oir; y el oir por la palabra de Dios.

Como sucedió con Noemí, hoy hay buenas noticias para nosotros desde la *Tierra de Alabanza*; porque hace 2000 años, el Señor visitó a Su pueblo, y *nos* dio Pan. Jesús es el Pan de Dios (Juan 6:33).

El nombre de Dios

He aquí, aunque me matare, en él esperaré

Job13:15

Es probable que Noemí y sus dos nueras partieran juntas inicialmente para unirse a una caravana que viajaba hacia Judá. Probablemente se encuentren en la caravana en este momento, donde comenzaría el viaje de Noemí.

Ruth 1:8 Y Noemi dijo á sus dos nueras: Andad, volveos cada una á la casa de su madre: Jehová haga con vosotras misericordia, como la habéis hecho con los muertos y conmigo.
1:9 Déos Jehová que halléis descanso, cada una en casa de su marido: besólas luego, y ellas lloraron á voz en grito.

Podríamos comparar esta escena con la de acompañar a un ser querido a la estación de tren o al aeropuerto para despedirlo. Al despedirse, Noemí comenzó a invocar bendiciones de Jehová en su favor. Y de ahí se desprende la fe de Noemí.

Recordemos que la época de los jueces fue conocida por la idolatría de Israel. El pueblo de Israel se apartó del Señor para adorar a otros dioses. Pero aquí aprendemos que Noemí, incluso en su hora más oscura, honró a *Jehová* Dios.

Noemí nombró a *Jehová* como la Fuente de bondad y descanso para con sus nueras. Los moabitas adoraban a un "dios" llamado Quemos. Pero Noemí glorificaba a *Jehová* como Dios. Su mundo se había derrumbado, pero la fe de Noemí en Dios permaneció inquebrantable.

Jehová haga con vosotras misericordia, como la habéis hecho con los muertos y conmigo. (v. 8)

No te pierdas esto. Noemí dijo que sus nueras habían tratado amablemente a *los muertos*. No dijo que habían sido amables con sus hijos mientras estaban vivos, aunque eso es lo que ella probablemente quiso decir.El texto es específico, y dice que trataron amablemente a *los muertos*. La Palabra inspirada lo ha conservado así por una razón. Esta es una historia de esperanza, y no sólo de esperanza para los vivos.

Volveremos a ver esto.

El beso

Porque cualquiera que quisiere salvar su vida, la perderá

Lucas 9:24

Ruth 1:10 Y dijéronle: Ciertamente nosotras volveremos contigo á tu pueblo.

1:11 Y Noemi respondió: Volveos, hijas mías: ¿para qué habéis de ir conmigo? ¿tengo yo más hijos en el vientre, que puedan ser vuestros maridos?

1:12 Volveos, hijas mías, é idos; que yo ya soy vieja para ser para varón. Y aunque dijese: Esperanza tengo; y esta noche fuese con varón, y aun pariese hijos;

1:13 ¿Habíais vosotras de esperarlos hasta que fuesen grandes? ¿habías vosotras de quedaros sin casar por amor de ellos? No, hijas mías; que mayor amargura tengo yo que vosotras, pues la mano de Jehová ha salido contra mí.

1:14 Mas ellas alzando otra vez su voz, lloraron: y Orpha besó á su suegra, mas Ruth se quedó con ella.

Estos versículos revelan parte de la inestabilidad psicológica que suele acompañar a los traumas emocionales continuados. El marido de Noemí murió. Los hijos de Noemí murieron. La conclusión obvia de Noemí fue que *la mano de Jehová* estaba *contra* ella. Parece que en su pensamiento, ella era la fuente de sufrimiento tanto para sus nueras como para ella misma. Pero nosotros sabemos otra cosa. Tenemos la historia completa. Hay otras cosas en juego de las que Noemí no sabe nada. Y las bendiciones surgen de los lugares más bajos.

Por desesperadas que parezcan las cosas en este momento de la vida de Noemí, vendrán cosas mejores. Y estas cosas fueron escritas para nosotros, para animarnos, particularmente en tiempos difíciles.

¿para qué habéis de ir conmigo? ...

... que mayor amargura tengo yo que vosotras, pues la mano de Jehová ha salido contra mí. (vv. 11, 13)

Todo lo que queda entre esas dos afirmaciones comprende el razonamiento de Noemí para convencerles de que vuelvan a casa. Ella hace preguntas capciosas para las que las respuestas obvias son *no.*

¿Tiene ella otros hijos para que se casen? Es demasiado mayor para un marido, y aunque lo tuviera, ¿esperarían y se abstendrían de casarse hasta que sus hijos fueran mayores? Y pregunta estas cosas con lágrimas corriendo por sus mejillas. Ella realmente creía que sería mejor para ellas volver a sus hogares donde podrían tener esperanza de otro marido. Ella quería lo mejor para ellas.

y Orpha besó á su suegra, (v. 14)

Inicialmente, ambas muchachas habrían acompañado a Noemí de regreso a su tierra, pero las palabras de Noemí convencieron a Orpha de quedarse. Esto fue un beso de despedida. Orpha hizo lo correcto, hasta donde ella sabía. Tenía sentido. Era práctico. Era el deseo de Noemí para ella. La mayoría de la gente habría hecho lo mismo. Pero aquí termina la historia de Orpha y comienza la de Ruth.

El sacrificio viviente

... pero el que pierda su vida por causa de mí, ...

Lucas 9:24

Ruth 1:15 Y Noemi dijo: He aquí tu cuñada se ha vuelto á su pueblo y á sus dioses; vuélvete tú tras ella.

1:16 Y Ruth respondió: No me ruegues que te deje, y me aparte de ti: porque donde quiera que tú fueres, iré yo; y donde quiera que vivieres, viviré. Tu pueblo será mi pueblo, y tu Dios mi Dios.

1:17 Donde tú murieres, moriré yo, y allí seré sepultada: así me haga Jehová, y así me dé, que sólo la muerte hará separación entre mí y ti.

1:18 Y viendo Noemi que estaba tan resuelta á ir con ella, dejó de hablarle.

La belleza de esta historia, de la que todos podemos aprender, es la belleza del sacrificio. Ruth sacrificó todo lo que sabía para estar con esta mujer, Noemí. Su amor por su suegra era profundo. Noemí le dijo a Ruth que se fuera. Ella le dijo que no había nada para ella. No había ninguna razón práctica para que Ruth fuera con ella. Pero Ruth estaba más preocupada por Noemí que por su propio bienestar. Noemí insistió en que regresara con su cuñada. Con tantas palabras, Ruth respondió: Nunca te dejaré ni te desampararé.

El Consolador

... pero Ruth se quedó con ella.

Ruth 1:14 (LBLA)

Efesios 5:31 Por esto dejará el hombre á su padre y á su madre, y se allegará á su mujer, y serán dos en una carne. 5:32 Este misterio grande es: mas yo digo esto con respecto á Cristo y á la iglesia.

Noemí significa *mi delicia*. Ella es la novia del que murió, cuyo nombre significa, *Dios es Rey*. Ella es la mujer que fue dejada. Y sabemos que Jesús también dejó a Su novia, que es Su iglesia; Su *delicia*. Pero El no la dejo sola. El envio Su Espiritu.

Juan 16:7 Pero yo os digo la verdad: os conviene que yo me vaya; porque si no me voy, el Consolador no vendrá a vosotros; pero si me voy, os lo enviaré. (LBLA)

La palabra, *Consolador*, es una traducción de la palabra griega original, *parakletos*. Significa el que es llamado al lado de alguien. *Compañero* es otra traducción de la misma palabra. Jesús envió Su Espíritu para ser nuestro Compañero y confortarnos durante nuestra peregrinación aquí en la tierra. Así fue con Noemí. Y mientras Noemí gemía porque el Todopoderoso la había afligido, había alguien con ella que compartía su sufrimiento, que nunca la dejaría ni la abandonaría. El nombre, Ruth, significa *compañera*.

Llamadme Mara

... Jehová ha dado testimonio contra mí

Ruth 1:21

Ruth 1:19 Anduvieron pues ellas dos hasta que llegaron á Beth-lehem: y aconteció que entrando en Beth-lehem, toda la ciudad se conmovió por razón de ellas, y decían: ¿No es ésta Noemi?

1:20 Y ella les respondía: No me llaméis Noemi, sino llamadme Mara: porque en grande amargura me ha puesto el Todopoderoso.

1:21 Yo me fuí llena, mas vacía me ha vuelto Jehová. ¿Por qué me llamaréis Noemi, ya que Jehová ha dado testimonio contra mí, y el Todopoderoso me ha afligido?

¡Qué alegría volver a ver a Noemí! ¿O era? Llámame *Mara*, dijo. Mara significa *amargura*. Es muy comprensible que Noemí estuviera amargada. Ella perdió a su marido. Ella perdió a sus dos hijos. Era demasiado mayor para casarse y su única compañera, su nuera, no era de su pueblo. Ruth era moabita y se le prohibió entrar en la congregación del Señor (Deuteronomio 23:3). Parecía que lo único que le quedaba a Noemí era vivir el resto de su vida y morir viuda y desconsolada, sin esperanza de ver posteridad.

¿Has conocido alguna vez a una persona que estuviera pasando por la prueba de fuego? No es raro que la gente se enfade con Dios. Tampoco es raro que la gente maldiga a Dios. Nada de eso está más allá del poder de Dios para perdonar. Él sabe que somos débiles. Job es la excepción, no la regla. La mayoría de la gente no es Job, y Dios lo sabe.

Noemí no maldijo a Dios, pero sin duda puso la causa de su sufrimiento a Sus puertas; y con razón, porque ni siquiera Satanás puede tocar al pueblo de Dios sin Su consentimiento (Job 1:11-12; 2:3-6; Lucas 22:31-32).

Dios tiene la firma final. Y Él siempre está de nuestro lado trabajando por nuestro bien, para llevarnos a Su semejanza. Y eso requiere cierto sufrimiento por nuestra parte.

Sea cual sea el sufrimiento que experimentes, ya sea consecuencia directa del pecado, o de una prueba que haya llegado a tu vida, o incluso de una persecución descarada, lo esencial es que Dios está al mando, obrando todas las cosas para bien; incluso cuando no lo parece. Y Dios está obrando aquí, en el fondo del Valle de Noemí.

Ruth 1:22 Así volvió Noemi y Ruth Moabita su nuera con ella; volvió de los campos de Moab, y llegaron á Beth-lehem en el principio de la siega de las cebadas.

El fondo del valle es el principio de la montaña. Este capítulo se abrió con una hambruna en el primer versículo, y a partir de ahí fue cuesta abajo. Hemos llegado al fondo de esa colina y también al final del capítulo, que termina con un nuevo comienzo: la siega de las cebadas. Se acerca algo bueno.

Capítulo 2

Se llamaba Booz

Mateo 5:4 Bienaventurados los que lloran: porque ellos recibirán consolación.

- Jesucristo

El primer capítulo terminó con Noemí sumida en la miseria. Dios la había afligido; o eso parecía. Pero aquí, al comienzo del capítulo 2, los que estamos leyendo esta historia recibimos una narración de la que Noemí no sabe nada.

Ruth 2:1 Y tenía Noemí un pariente de su marido, un hombre de mucha riqueza, de la familia de Elimelec, el cual se llamaba Booz. (LBLA)

Se nos presenta a un hombre llamado Booz, que está relacionado con Elimelec; Un hombre de gran riqueza. Hay una razón para decirnos esto. Este hombre, Booz, va a ser muy importante en esta historia. Booz es un nombre interesante. Los estudiosos no están seguros de su origen, pero el consenso es que significa rapidez y fuerza. El hecho de que sea un pariente es digno de mención; pero no se nos dice, todavía no, cuán importante va a ser este Booz.

Booz es algo así como Jesús de esta manera. Muchos de nosotros oímos hablar de Jesús, y nos parece un gran hombre de la historia, pero no tenemos idea de cuán grande es en realidad. Pero cuanto más nos acercamos a Él, cuanto más aprendemos de Él, más grande se vuelve. Y cuando nuestros ojos se abren para que realmente lo veamos, nuestras vidas se transforman. Naomi se lleva una sorpresa. Este Booz va a ser una revelación.

Así que tal vez las cosas no sean tan malas como las pinta la miseria de Naomi. Eso no cambia la tragedia que ha tenido que soportar. Eso no detiene el dolor. Pero Dios está actuando, y nos presenta a Booz. Noemí no lo sabe, pero está a punto de ser consolada.

La provisión de Dios

Cuando segares tu mies en tu campo, y olvidares alguna gavilla en el campo....

Deuteronomio 24:19

Ruth y Noemí habían llegado a Belén. Ambas son viudas. Ruth es viuda y extranjera. Y aquí aprendemos uno de los caminos de Dios; porque Dios había ordenado a los israelitas que cuidaran de sus viudas y huérfanos, y también del extranjero.

Levítico 23:22 Y cuando segareis la mies de vuestra tierra, no acabarás de segar el rincón de tu haza, ni espigarás tu siega; para el pobre, y para el extranjero la dejarás: Yo Jehová vuestro Dios.

Dios se aseguraba de que se proveyera a los pobres, pero éstos tenían que trabajar para conseguirlo. A diferencia de la sociedad actual, en la economía de Dios no había limosnas gratuitas. Los pobres podían espigar los campos después de los segadores y recoger lo que quedaba. Esta es una lección y un ejemplo para todas las sociedades a la hora de proveer a sus pobres.

Deuteronomio 24:19 Cuando siegues tu cosecha en tu campo y olvides alguna gavilla en el campo, no regresarás a recogerla; será para el extranjero, para el huérfano y para la viuda, para que el SEÑOR tu Dios te bendiga en toda obra de tus manos. (LBLA)

¿Te has preguntado alguna vez por qué olvidas algunas cosas? Y a veces resulta para bien que te hayas olvidado. Dios sabe cuidar de los que dependen de Él, y a veces hay razones para nuestros olvidos.

Espigando tras los segadores

Mejor es ir a una casa de luto que ir a una casa de banquete

Eclesiastés 7:2

Ruth 2:2 Y Ruth la Moabita dijo á Noemi: Ruégote que me dejes ir al campo, y cogeré espigas en pos de aquel á cuyos ojos hallare gracia. Y ella le respondió: Ve, hija mía.

Ruth hace lo que puede para cuidar de Noemí. Se pone a trabajar para cubrir sus necesidades. Va detrás de los segadores y recoge lo que queda.

Ruth 2:3 Fué pues, y llegando, espigó en el campo en pos de los segadores: y aconteció por ventura, que la suerte del campo era de Booz, el cual era de la parentela de Elimelech.

¿Qué significa espigar después de los segadores? Hay más en esta imagen de lo que parece. A veces, cuando fallecen seres queridos, decimos que vinieron los ángeles y se los llevaron. Jesús dijo esto de un hombre que murió; un pobre mendigo llamado Lázaro (Lucas 16:20-22).

Lucas 16:22 Y aconteció que murió el mendigo, y fué llevado por los ángeles al seno de Abraham:

Cuando los ángeles vienen y se llevan a nuestros seres queridos, es devastador para los que nos quedamos atrás, y necesitamos tiempo; tiempo para sentarnos; para rezar; para lamentarnos; para enfadarnos; para llorar profundamente; y para recuperarnos. Es bueno tener a alguien que venga y ayude a recoger los pedazos.

La herida de Noemí es profunda. Probablemente esté entumecida. Ruth está haciendo todo lo que puede para mantener las cosas unidas a pesar de su propia pérdida. Está espigando los campos después de los segadores en más de un sentido.

Mateo 13:39 … y los segadores son los ángeles.

¿Fue por *suerte* que Ruth tropezó con la parte del campo que pertenecía a Booz? Mientras espigaba detrás de los segadores, entró en la tierra de aquel cuyo nombre significa *Fuerza*. Puede haber parecido *suerte*, pero siguió lo que ella hizo.

La fuerza vino de Belén

Porque mientras aún éramos débiles, ...

Romanos 5:6 (LBLA)

Ruth 2:4 Y he aquí que vino Booz de Belén, y dijo a los segadores: El SEÑOR sea con vosotros. Y ellos le respondieron: Que el SEÑOR te bendiga. (LBLA)

¿Alguien más ve a Cristo y a los ángeles aquí? Si conoces la historia, entonces sabes que Booz será el redentor. ¿Qué otro Redentor salió de Belén? ¿Quiénes son los segadores? La imagen siempre ha estado ahí. Estaba allí antes de que Jesús viniera. Pero no pudimos verlo hasta después de que Él vino.

Booz (o *Fuerza*), vino de Belén. *Fuerza* vino de Belén. En el gran esquema de las cosas, esto sería el subestimación de la eternidad. Podríamos volver a contar la historia de Ruth y Noemí y su pérdida. Podríamos hablar de su situación desesperada. Pero *Fuerza* vino de Belén. Booz es la bisagra sobre la que gira toda esta historia, de la desesperación a la esperanza. En este sentido, Booz es como Jesús, pues Cristo es la bisagra sobre la que se equilibra toda la historia humana. El tiempo mismo está contado en torno a su nacimiento. Y sin Jesús, no hay esperanza.

DIOS CON NOSOTROS

Y había pastores en la misma tierra, que velaban

Lucas 2:8

Ruth 2:4 Y he aquí que vino Booz de Belén, y dijo a los segadores: El SEÑOR sea con vosotros. Y ellos le respondieron: Que el SEÑOR te bendiga. (LBLA)

¿Oíste lo que dijo Booz? Al saludar a los segadores, también hizo lo que podríamos llamar una declaración *profética*. Dijo: "*El SEÑOR sea con vosotros.*" Aunque pueda parecer una forma común de saludo, sólo hay dos versículos en toda la Escritura en los que esta frase aparece sola en una sola oración. El primero está aquí. La otra está en el Nuevo Testamento, en 2º Tesalonicenses 3:16. Aquí es un saludo. Allí, es una despedida. Ambas se dirigen al pueblo de Dios. Pero aquí hay un elemento adicional. Estas personas eran *betlehemitas*.

Booz dijo: "**El SEÑOR sea con vosotros**". Y sucedió. Y sucedió en Belén.

*Mateo 1:22 Todo esto sucedió para que se cumpliera lo que el Señor había hablado por medio del profeta, diciendo: 1:23 HE AQUÍ, LA VIRGEN CONCEBIRÁ Y DARA A LUZ UN HIJO, Y LE PONDRÁN POR NOMBRE EMMANUEL, que traducido significa: **DIOS CON NOSOTROS**.* (LBLA)

Booz hizo el anuncio a los betlehemitas que trabajaban en el campo, cosechando el grano con el que se hacía el pan. Unos mil años más tarde, también se anunciará el cumplimiento de estas palabras; de nuevo, a los betlehemitas que trabajaban en el campo. Pero no estarán cosechando grano. Estarán cuidando ovejas. Porque Jesús, que es el *Pan de Vida*, es también el *Cordero de Dios*.

Y ellos le respondieron: Que el SEÑOR te bendiga.
(Ruth 2:4)

Esta gente de Belén honró a Dios en la forma en que saludaron a Booz. Un rayo del Reino de Dios brilló a través de Booz y de esta gente de Belén. ¿No debería brillar también a través de nosotros?

Mateo 5:16 alumbre vuestra luz delante de los hombres

¿De quién es esta joven?

Y entró el rey para ver los convidados, y vió allí un hombre

Mateo 22:11

Ruth 2:5 Entonces Booz dijo a su siervo que estaba a cargo de los segadores: ¿De quién es esta joven? (LBLA)

Hay una cara nueva entre los segadores. Booz quiere saber quién es. Jesús contó una parábola parecida a la que tenemos en esta escena. Se trata de un rey que encontró a un forastero entre sus invitados a una boda.

Mateo 22:11 Pero cuando el rey entró a ver a los invitados, vio allí a uno que no estaba vestido de boda,
22:12 y le dijo: "Amigo, ¿cómo has entrado aquí sin traje de bodas?". Y se quedó callado. (LBLA)

El resultado para este hombre sin traje de bodas no fue bueno. Entonces, ¿qué es este traje de bodas, y por qué es necesario? Tenga en mente que la iglesia de Cristo es también la novia de Cristo, y cada novia tiene su traje de bodas.

Apocalipsis 19:7 Regocijémonos y alegrémonos, y démosle a Él la gloria, porque las bodas del Cordero han llegado y su esposa se ha preparado. 19:8 Y a ella le fue concedido vestirse de lino fino, resplandeciente y limpio, porque las acciones justas de los santos son el lino fino. (LBLA)

El traje de bodas simboliza los actos justos, o las cosas buenas que el creyente en Cristo ha hecho. Las buenas obras que glorifican a Dios son el resultado natural de quien ha nacido de Dios.

Efesios 2:10 Porque somos hechura suya, criados en Cristo Jesús para buenas obras, las cuales Dios preparó para que anduviésemos en ellas.

Nótese que no hacemos buenas obras para obtener el favor de Dios y que Él nos salve. Más bien, es porque somos Su hechura, creados en Cristo Jesús para buenas obras, que debemos producir buenas obras.

Si Dios está obrando en nuestro interior por medio de Su Espíritu, entonces el fruto del Espíritu se revelará en nuestras actividades cotidianas; en nuestras obras. Debemos caminar en ellas. En otras palabras, debemos ser conocidos por nuestras buenas obras como si las lleváramos como un vestido.

El hombre de la boda no tenía traje de boda. Podríamos decir que no tenía buenas obras. Carecía de la prenda de identificación necesaria para ser aceptado ante el rey. En contraste, tenemos a Ruth, que ha dejado su propia vida a un lado para cuidar de otra persona, y ahora el señor de la cosecha está preguntando por ella. ¿Crees que Ruth lleva la prenda adecuada?

¿De quién es esta joven? (2:5 LBLA)

No podemos dejar este pasaje sin decir unas palabras sobre Booz y su primera impresión de Ruth. ¿De quién es esta damisela? Esas fueron las primeras palabras que salieron de su boca después de saludar a los trabajadores. No dijo nada de cómo avanzaba el trabajo, ni si tenían algún problema. No, pero sus ojos estaban fijos en la chica nueva. Ruth debe haber sido una joven muy atractiva; al menos a Booz. Su presencia llamó su atención. Esto también puede ser una parábola viviente.

Conociendo a Ruth

... para que vean vuestras obras buenas

Mateo 5:16

Ruth 2:6   Y el criado, sobrestante de los segadores, respondió y dijo: Es la moza de Moab, que volvió con Noemi de los campos de Moab;
2:7   Y ha dicho: Ruégote que me dejes coger y juntar tras los segadores entre las gavillas: entró pues, y está desde por la mañana hasta ahora, menos un poco que se detuvo en casa.

El jefe de los segadores elogia a Rut. Le cuenta a Booz quién es ella, la moabita que volvió con Noemí. Todo el mundo había oído hablar de ella. La reputación de Rut la precedía. No era necesaria ninguna otra descripción. Luego le cuenta a Booz por qué ella está allí, y cómo había trabajado hasta el momento en que él llegó mientras descansaban en la casa. La devoción desinteresada de Rut hacia Noemí y su duro trabajo ese día la marcaron como digna de alabanza. En otras palabras, Ruth vestía *la prenda correcta*. Si Booz se sintió atraído por la apariencia física de esta muchacha, ¿cuánto más ahora, habiendo aprendido quién es?

Y esta parábola viviente continúa: ¿Estarás con los segadores en la cosecha? ¿Estarás entre los ángeles en la mansión de Aquel cuyo nombre significa *Fuerza*? ¿Estás usando la *prenda* adecuada?

Escuche

Luego la fe es por el oir

Romanos 10:17

Ruth 2:8 Entonces Booz dijo á Ruth: Oye, hija mía, no vayas á espigar á otro campo, ni pases de aquí: y aquí estarás con mis mozas.
2:9 Mira bien al campo que segaren, y síguelas: porque yo he mandado á los mozos que no te toquen. Y si tuvieres sed, ve á los vasos, y bebe del agua que sacaren los mozos.

Booz no quiere perder a ésta. Le dijo que no espigara en ningún otro sitio. En presencia de todos, Booz promovió a Ruth para que trabajara junto a sus propias *mozas*. Y los mozos escucharon sus palabras. No debían tocarla. Y si tenía sed, debían sacarle agua.

Dios cuida de los que se acercan a Él. Él conoce a los que espigan los campos después de los segadores. Él quiere que le escuchemos. *Oye, hija mía.* La fe es por el oír, y el oír, por la palabra de Dios (Romanos 10:17). Él dirige nuestros ojos a su campo, y nos llama a la siega. Ha encargado a sus segadores que no nos hagan daño. De hecho, nos servirán, pues son ministros de los herederos de la salvación.

Hebreos 1:14 ¿No son todos ellos espíritus ministradores, enviados para servir por causa de los que heredarán la salvación?

Ella se postró

... Ningún amonita ni moabita entrará en la asamblea del SEÑOR

Deuteronomio 23:3 (LBLA)

Ruth 2:10 Ella bajó su rostro, se postró en tierra y le dijo: ¿Por qué he hallado gracia ante tus ojos para que te fijes en mí, siendo yo extranjera? (LBLA)

Se postró y se inclinó ante Booz. Evidentemente, Ruth se siente abrumada, sorprendida. Sólo puede preguntarse por qué este hombre le concedería una amabilidad tan inesperada. Ella no es de su pueblo. Es extranjera en esta tierra. Menos que extranjera, es moabita, marcada por Jehová.

Deuteronomio 23:3 Ningún amonita ni moabita entrará en la asamblea del SEÑOR; ninguno de sus descendientes, aun hasta la décima generación, entrará jamás en la asamblea del SEÑOR, 23:4 porque no fueron a vuestro encuentro con pan y agua en el camino cuando salisteis de Egipto, y porque alquilaron contra ti a Balaam, hijo de Beor, de Petor en Mesopotamia, para maldecirte. (LBLA)

Cuando comprendemos el bajo estatus social de una moabita en Israel, no es de extrañar que Ruth se sorprendiera y se sintiera abrumada. Pero ella no conoce a Booz. Todavía no.

¿No es Ruth una imagen de nosotros? Como Ruth, nosotros también somos forasteros. El pecado nos ha separado de Dios y no podemos estar en su presencia. Pero como Ruth, tenemos nuestro Booz. Su nombre es Jesús. ¿Lo conoces?

La escena pintada en este pasaje no es una coincidencia. Es un cuadro gráfico del creyente en Jesucristo en ese gran Día final. Cuando todo esté dicho y hecho, y nosotros, como Ruth, nos encontremos entre los segadores ante el Maestro, receptores de Su gracia y considerados dignos de morar seguros en Su presencia, nosotros también caeremos postrados ante Él.

El muro roto

(Una historia detrás de la historia)

Había una vez un joven y una joven que estaban separados por un gran muro. El nombre del hombre era Salmón, y el de la mujer, Rahab. Salmón estaba en la parte exterior del muro, y Rahab en la parte interior. Salmón era un soldado de Israel, un hombre de gran valor. Rahab era una cananea, una ramera de Jericó; y el muro era el muro de Jericó.

Aprendemos en el libro de Josué que el muro de Jericó cayó al sonido de las trompetas y por los gritos de los ejércitos de Israel (Josué 6:20). La ciudad de Jericó fue destruida, pero Rahab y su familia se salvaron de la destrucción, porque previamente había salvado a dos espías israelitas de ser capturados.

Con Jericó destruida, Rahab ahora pertenecía a Israel. Pero tenía un problema. Rahab era una conocida prostituta, una mujer pecadora. También era cananea, una forastera entre los israelitas. Aunque había salvado a los dos espías israelitas (Josué 2), eso no cambiaba su pasado ni su condición. Pero Salmón amaba a Rahab, y ella se convirtió en su esposa. Curiosamente, el nombre Salmón significa *prenda*. Rahab estaba cubierta.

Y aquí encontramos que Salmón es algo así como Cristo, y nosotros nos parecemos mucho a Rahab. Todos tenemos un pasado y somos pecadores por naturaleza, separados de Dios. Pero como Rahab, nosotros también tenemos un novio. Su nombre es Jesús, y nos cubre con su *prenda*, que es la justicia de Dios.

Romanos 3:22 es decir, la justicia de Dios por medio de la fe en Jesucristo, para todos los que creen; porque no hay distinción: (LBLA)

Pero antes de las bodas, antes de la *prenda*, había que derribar el muro de Jericó. También esto es una parábola viviente, una prefiguración de Jesucristo.

Efesios 2:13 Mas ahora en Cristo Jesús, vosotros que en otro tiempo estabais lejos, habéis sido hechos cercanos por la sangre de Cristo.
2:14 Porque él es nuestra paz, que de ambos hizo uno, derribando la pared intermedia de separación;

Y así se derribó el muro, y Salmón se casó con Rahab. Se hicieron uno, y dieron a luz un hijo, y le pusieron por nombre Booz.

Mateo 1:5 Salmón engendró, de Rahab, a Booz (LBLA)

Israelita y cananeo a la vez, Booz podía identificarse con una forastera como Ruth. Y Jesucristo, a la vez Dios y Hombre, se ha identificado con nosotros.

Juan 1:1 EN el principio era el Verbo, y el Verbo era con Dios, y el Verbo era Dios.

Juan 1:14 Y aquel Verbo fué hecho carne, y habitó entre nosotros

Después de la muerte

Porque ustedes han muerto, y su vida está escondida con Cristo en Dios.

Colosenses 3:3 (LBLA)

Ruth 2:11 Y respondiendo Booz, díjole: Por cierto se me ha declarado todo lo que has hecho con tu suegra después de la muerte de tu marido, y que dejando á tu padre y á tu madre y la tierra donde naciste, has venido á pueblo que no conociste antes.

Recuerdas que fue después de la muerte del marido de Noemí (su propia carne por matrimonio) cuando comenzó su penosa peregrinación a la tierra de Alabanza (Judá). Y aquí, Ruth es alabada y bendecida por el maestro de la mies en esa misma tierra. Y como sucedió con Noemí y su viaje, todo lo que Ruth hizo por lo que Booz la elogió, lo hizo después de la muerte de su propia carne (por matrimonio). No sabemos nada de Ruth hasta después de esta muerte. Del mismo modo, nuestro peregrinación y nuestros obras comienzan después de nuestro muerte; nuestro muerte con Cristo, nuestro Esposo.

Romanos 6:4 Porque somos sepultados juntamente con él á muerte por el bautismo; para que como Cristo resucitó de los muertos por la gloria del Padre, así también nosotros andemos en novedad de vida.

Por mi Nombre

Mateo 19:29 *Y todo el que haya dejado casas, o hermanos, o hermanas, o padre, o madre, o hijos o tierras por mi nombre, ... (LBLA)*

Cuando Booz reconoció la bondad de Ruth hacia Noemí, también mencionó otra cosa que ella había hecho.

... y que dejando á tu padre y á tu madre y la tierra donde naciste, has venido á pueblo que no conociste antes. (2:11)

Y luego dijo esto:

Ruth 2:12 Jehová galardone tu obra, y tu remuneración sea llena por Jehová Dios de Israel, que has venido para cubrirte debajo de sus alas.

Cuando Ruth dejó a su padre y a su madre, y la tierra de su nacimiento, también dejó a Quemos, el dios de Moab. *Jehová* se había convertido en el nombre del Dios de Ruth.

No muchas personas lo abandonan todo como lo hizo Ruth. Al igual que su hermana Orfa, Ruth podría haber buscado una segunda oportunidad para conseguir un nuevo marido y una vida mejor. Eso habría sido normal, porque así es el mundo. Lo que Ruth hizo no era normal.

Fue un cambio de vida.

Confortada

Este es mi consuelo en la aflicción: que tu palabra me ha vivificado.

Salmos 119:50 (LBLA)

Ruth 2:13 Entonces ella dijo: Señor mío, he hallado gracia ante tus ojos, porque me has consolado y en verdad has hablado con bondad a tu sierva, aunque yo no soy como una de tus siervas. (LBLA)

Es posible que ésta sea la primera vez que Ruth experimenta cierto consuelo desde la muerte de su marido. Hasta ese momento, había estado atendiendo las necesidades de Noemí. Aunque tenemos las palabras de Noemí que revelan su dolor a través de su duelo, no tenemos ni idea de por lo que estaba pasando Ruth. Puede que ayudar a Noemí también ayudara a Ruth a centrarse en algo distinto de su propio dolor. A veces es necesario cambiar de enfoque. Ayudar a Noemí llevó a Ruth a los campos de Booz, donde, al dejar de lado su propia vida por otra persona, recibió consuelo.

Mateo 10:39 ... y el que perdiere su vida por causa de mí, la hallará.

Ruth está empezando a encontrar su vida.

La mesa del Maestro

Aderezarás mesa delante de mí

Salmos 23:5

Lucas 22:27 Porque, ¿cuál es mayor, el que se sienta á la mesa, ó el que sirve? ¿No es el que se sienta á la mesa? Y yo soy entre vosotros como el que sirve.

Ruth 2:14 Y a la hora de comer Booz le dijo: Ven acá para que comas del pan y mojes tu pedazo de pan en el vinagre. Así pues ella se sentó junto a los segadores; y él le sirvió grano tostado, y ella comió hasta saciarse y aún le sobró. (LBLA)

Ruth vuelve a ser elevada por el maestro de la mies, pues la invitó a su mesa para que se sentara entre sus elegidos. Y la sirvió personalmente. Quedó satisfecha con creces. Ella tiene sobras, y las guardará para alguien especial. Podríamos decir que su copa estaba rebosando.

Un regalo secreto

Pues que á sus ángeles mandará acerca de ti

Salmos 91:11

Ruth 2:15 Cuando ella se levantó para espigar, Booz ordenó a sus siervos, diciendo: Dejadla espigar aun entre las gavillas y no la avergoncéis.
2:16 También sacaréis a propósito para ella un poco de grano de los manojos y lo dejaréis para que ella lo recoja, y no la reprendáis. (LBLA)

Booz esperó hasta que Ruth se levantara de la mesa para regresar a trabajar antes de dar órdenes a los jóvenes. No quería que Ruth supiera que le estaba dando un trato especial. *Dejadla espigar aun entre las gavillas* fue su orden. También les dijo que sacaran puñados de lo que habían cosechado y se los dejaran a ella para que los recogiera. Ambas órdenes fueron seguidas de la amonestación: *no la reprendáis*. Ruth no tenía idea de la cosecha personal que estaba a punto de obtener ese día.

Imagínate lo divertido que debió de ser para los segadores hacer esto. Probablemente se convirtió en un tipo de interacción juguetona, ya que Ruth comenzó a notar lo que estaban haciendo. Probablemente hubo sonrisas y contacto visual entre Ruth y los jóvenes trabajadores. Y Booz estaba detrás de todo. Booz vigilaba en secreto a Ruth.

Jesús dijo algo sobre hacer buenas acciones en secreto.

Mateo 6:3 Mas cuando tú haces limosna, no sepa tu izquierda lo que hace tu derecha;
6:4 Para que sea tu limosna en secreto: y tu Padre que ve en secreto, él te recompensará en público.

Esta historia tiene sorpresas para todos. Incluso Booz se lleva una sorpresa, como veremos.

Proverbios 19:17 El que se apiada del pobre presta al SEÑOR, y Él lo recompensará por su buena obra. (LBLA)

En esta parábola viviente, el maestro de la mies ordenó a sus segadores acerca de Ruth. Y así como sucedió con Ruth, sucede con todo receptor de la gracia de Dios. Él ha ordenado a sus ángeles acerca de nosotros. ¿Quién sabe qué puñados a propósito habremos recibido sin ni siquiera saberlo?

Un efa de cebada

Pedid, y se os dará;

- Mateo 7:7

Ruth 2:17 Y ella espigó en el campo hasta el anochecer, y desgranó lo que había espigado y fue como un efa de cebada.
2:18 Y lo tomó y fue a la ciudad, y su suegra vio lo que había recogido. Y sacó también lo que le había sobrado después de haberse saciado y se lo dio a Noemí. (LBLA)

Ruth no era una perezosa. Trabajó duro aquel día, y continuará haciéndolo en los días venideros. Noemí debió de asombrarse al ver la cosecha personal de Ruth. Aquel efa de cebada pesaba probablemente más de 30 libras, o casi un celemín según nuestros estándares. Pero eso no fue todo. Ruth también le llevó a Noemí una comida preparada. ¡Esto es una bendición doble! Pero Ruth tiene algo más para Noemí. Nos acercamos al primer clímax.

Ruth 2:19 Y díjole su suegra: ¿Dónde has espigado hoy? ¿y dónde has trabajado? bendito sea el que te ha reconocido.

Noemí está pidiendo, y está a punto de recibir. Es increíble lo que puede hacer una palabra.

La palabra reveladora

Como manzanas de oro en engastes de plata es la palabra
dicha a su tiempo.

Proverbios 25:11 (LBLA)

Ruth 2:19 Entonces su suegra le dijo: ¿Dónde espigaste y dónde trabajaste hoy? Bendito sea aquel que se fijó en ti. Y ella informó a su suegra con quién había trabajado, y dijo: El hombre con el que trabajé hoy se llama Booz. (LBLA)

Es increíble cómo una palabra puede cambiarlo todo. Y esta palabra en particular es un nombre. Estamos en el primer clímax de esta historia.

Ruth 2:20 Noemí dijo a su nuera: Sea él bendito del SEÑOR, porque no ha rehusado su bondad ni a los vivos ni a los muertos. Le dijo también Noemí: El hombre es nuestro pariente; es uno de nuestros parientes más cercanos. (LBLA)

"Sea él bendito del SEÑOR, porque no ha rehusado su bondad ni a los vivos ni a los muertos" Hay algo diferente en Noemí. Ya no está amargada. No hace mucho tiempo, Noemí tenía otras cosas que decir acerca del SEÑOR:

Ruth 1:21 Llena me fui, pero vacía me ha hecho volver el SEÑOR. ¿Por qué me llamáis Noemí, ya que el SEÑOR ha dado testimonio contra mí y el Todopoderoso me ha afligido? (LBLA)

Escuchar el nombre de Booz le quitó la amargura a Noemí. Oír el nombre de Booz sustituyó su amargura por alegría y le devolvió la esperanza. Y aquí encontramos una vez más que Booz es algo así como Jesús, porque esto es lo que siempre hace el nombre de Jesús.

Escuchar el nombre de Booz fue una sorpresa para Noemí, y luego Noemí nos sorprende a nosotros. Porque Booz, dice ella, es uno de los redentores de la familia. La palabra hebrea que Noemí utiliza aquí es *goel*.

Booz es el *goel*, el pariente redentor. Es la primera vez que *goel* aparece en el libro de Ruth, y es aquí donde nos damos cuenta de lo importante que es Booz.

Noemí empieza a ver la mano de Dios obrando en su favor. Sin embargo, ya hemos visto que Dios estaba obrando en la familia de Noemí desde el principio. Aquel que hace todas las cosas de acuerdo a Su propósito, trajo a Noemí cerca de Su lado, y a través de su sufrimiento comenzó la poderosa obra que tenemos ante nosotros, donde todas las cosas serán hechas nuevas, y Cristo es glorificado en todas partes. Esto parece ser lo que Él hace todo el tiempo.

Aunque Noemí ha dejado esta vida hace mucho tiempo, en realidad nunca ha dejado de vivir. Está viva en algún lugar del reino de Dios. Y me pregunto cómo debe ser para ella (de hecho, y para toda su familia), a este lado de la cruz, mirar hacia atrás y ver cómo Dios la usó a ella y a su familia para revelar Su gloria en medio de su sufrimiento.

Sospecho que sigue haciéndolo con nosotros.

Los Muertos

¿Harás maravillas a los muertos?

Salmos 88:10 (LBLA)

Sea él bendito del SEÑOR, porque no ha rehusado su bondad ni a los vivos ni a los muertos. - Ruth 2: 20 (LBLA)

En el primer capítulo leemos que las nueras de Noemí trataban con *bondad a los muertos* (1:8). Aquí encontramos que el SEÑOR no ha dejado de lado su bondad con los vivos *y con los muertos*. Comprender este papel de los muertos es esencial para reconocer la magnitud del libro de Ruth. Sin los muertos, no existe el libro de Ruth.

La muerte trajo miseria a sus vidas, como siempre lo hace; pero la historia no termina ahí (nunca lo hace, aunque podamos sentir que así es). Esta historia de esperanza restaurada trasciende la esperanza de los vivos; porque aquí aprendemos de un redentor, y que el SEÑOR no ha dejado de Su bondad para con los vivos y los muertos.

Noemí se alegra al saber de Booz, el pariente redentor, que es capaz de restaurar el nombre de los muertos. Cuánto más debe ser plena nuestra alegría, al conocer el nombre de Jesús, nuestro verdadero Redentor; ¡quien tiene, y puede, y restaurará la vida a los muertos!

Juan 11:25 Dícele Jesús: Yo soy la resurrección y la vida: el que cree en mí, aunque esté muerto, vivirá.

No mi voluntad

Porque he descendido del cielo, no para hacer mi voluntad, mas la voluntad del que me envió.

Ruth 2:21 Y Ruth Moabita dijo: A más de esto me ha dicho: Júntate con mis criados, hasta que hayan acabado toda mi siega.

Este pasaje parece revelar algo sobre Ruth; posiblemente a través de su debilidad humana. Tenemos que entender que Ruth no tenía ningún hombre en su vida. Era una viuda joven. La soledad puede hacer mella en cualquiera. La mayoría de nosotros deseamos compañía, especialmente del sexo opuesto. Ruth no era diferente. Fíjese de nuevo en lo que le dijo a Noemí: le dijo que Booz le había dicho que se mantuviera en ayunas junto a los *criados*: jóvenes sirvientes masculinos. Retrocedamos unos versículos y veamos lo que Booz realmente le dijo:

Ruth 2:8 Entonces Booz dijo á Ruth: Oye, hija mía, no vayas á espigar á otro campo, ni pases de aquí: y aquí estarás con mis mozas.

Booz le dijo que se quedara junto a las doncellas. Pero Ruth tiene voluntad propia y deseos. Tal vez podría conseguir un marido entre los jóvenes. Esto es comprensible, teniendo en cuenta su situación. Pero Noemí tiene otros planes para Ruth.

Ruth 2:22 Y Noemi respondió á Ruth su nuera: Mejor es, hija mía, que salgas con sus criadas, que no que te encuentren en otro campo.

Noemí sabe que Ruth es una joven deseable. También sabe que Booz le ha dispensado una bondad extraordinaria. Sabe que Booz es su *goel*, su pariente redentor. La mano de Dios está actuando, y Noemí está haciendo su parte de la misma manera que un granjero hace la suya cuando Dios trae la lluvia.

Una de las cosas que hace el agricultor es proteger sus cosechas de las alimañas. Noemí ve otro tipo de *cosecha* en el horizonte, pero el vacío de Ruth y esos criados podrían estropearla. Le sugiere que sería bueno que se quedara *con sus criadas*.

¿Y qué hace Ruth?

Ruth 2:23 Y ella se quedó cerca de las criadas de Booz espigando hasta que se acabó la cosecha de cebada y de trigo. Y vivía con su suegra. (LBLA)

A veces creemos que sabemos lo que queremos. Es bueno comprender que nuestros propios sentimientos y deseos no siempre son nuestra mejor guía. Ruth honró a la madre de su difunto esposo, a quien amaba. Colocó las preocupaciones de Noemí por encima de su propia vida y, al hacerlo, se puso en posición de recibir algo mucho más grande que las fugaces promesas de sus propios sentimientos y deseos. Ruth no siguió su propia voluntad, sino la voluntad de su suegra. En eso, Ruth se parece a Jesús.

… empero no lo que yo quiero, sino lo que tú. - Marco 14:36

Capítulo 3

Buscando descanso

Mateo 11:28   Venid a mí, todos los que estáis cansados y cargados,

Ruth 3:1 Y DÍJOLE su suegra Noemi: Hija mía, ¿no te tengo de buscar descanso, que te sea bueno?
3:2 ¿No es Booz nuestro pariente, con cuyas mozas tú has estado? He aquí que él avienta esta noche la parva de las cebadas.

Noemi parece tener la costumbre de hacer preguntas capciosas. ¿Recuerdas aquella otra vez que hizo el mismo tipo de preguntas, cuando las lágrimas corrían por sus mejillas? Noemí preguntó a sus nueras si tenía hijos para ellas. Preguntó que aunque estuviera casada y pudiera concebir hijos para ellas, ¿esperarían a que crecieran para casarse con ellos? La respuesta obvia a ambas preguntas era *No*. Así que aquí va de nuevo - pero esta vez no hay lágrimas. Esta vez hay esperanza, con gran expectación. Y esta vez, ambas respuestas son *¡Sí!*

Volviendo a aquella otra vez, ¿cuál era la preocupación de Noemí por sus nueras?

Ruth 1:9 Déos Jehová que halléis descanso, cada una en casa de su marido: besólas luego, y ellas lloraron á voz en grito.

El descanso es un estado de comodidad y tranquilidad. Aporta una sensación de seguridad. Y la idea transmitida en ambas ocasiones por Noemí es que el descanso lo encuentra una mujer que reside en la casa de su marido.

La Iglesia es la esposa de Cristo. Y Cristo, nuestro Esposo, promete *descanso*. Noemí deseaba encontrar *descanso* para Ruth en su redentor. Podríamos hacer bien en ayudar a otra persona a encontrar *descanso* en el nuestro: en Jesucristo.

... y yo os haré descansar.   Mateo 11:28 (LBLA)

Turno de Noemí

Y el Dios de paz quebrantará presto á Satanás debajo de vuestros pies.

Romanos 16:20

Hemos llegado al final de dos cosechas. Ruth ha sido fiel hasta el final al permanecer con las trabajadoras. Y Noemí ha esperado pacientemente el momento oportuno para seguir adelante con su plan. Sabe que Booz es un *goel*, un pariente redentor, capaz de restaurar el nombre de su familia en Israel mediante el matrimonio. También sabe que él ha sido muy parcial con Ruth.

Ha llegado el momento de aventar la cebada, de separar el grano bueno de la paja. Booz estará en la era, donde también pasará la noche. Para Noemí, éste es el momento oportuno. Le dice a Ruth lo que debe hacer.

Ruth 3:3 Lávate, pues, úngete y ponte tu mejor vestido y baja a la era; pero no te des a conocer al hombre hasta que haya acabado de comer y beber.
3:4 Y sucederá que cuando él se acueste, notarás el lugar donde se acuesta; irás, descubrirás sus pies y te acostarás; entonces él te dirá lo que debes hacer.

Noemí había preparado bien su plan. Probablemente pasó horas y horas planeando cada detalle mientras Ruth estaba fuera espigando los campos. El diablo tuvo su pequeña victoria en Moab cuando Elimelec y sus hijos murieron allí. Pero ahora es el turno de Noemí. Su día ha llegado, y sus planes están en orden. Esta batalla será decisiva, y se recuperará el terreno perdido. ¿No te encanta cómo Dios hace a su pueblo partícipe de la victoria?

Ruth tenía que ir bien vestida y oler bien. Pero esto no era suficiente. Para atraer toda la atención de Booz era necesaria una estrategia. Ruth tendría que salir a la era y espiar a Booz, asegurándose de que no la viera. Debía vigilarlo hasta que se acostara a dormir. Entonces se acercaría a él, le descubriría los pies y se acostaría.

¡Eso seguramente llamaría su atención! Para mayor sorpresa, Booz vería a Ruth, hermosa y fragante, ¡acostada a sus pies! Noemí era una mujer muy sabia; una general de alto rango en el ejército de Dios.

Los pies del Redentor

... e irás, y descubrirás los pies

Ruth 3:4

Después de que Booz se acuesta a dormir, Ruth debe acercarse a él y descubrirle los pies. Luego ella debe acostarse y esperar a que él le diga qué hacer. Esto nos parece extraño, estando a unos tres mil años de distancia de esa época y cultura. Entonces, para apreciar más plenamente esta parábola viviente, haríamos bien en aprender algo sobre el significado de los pies en el antiguo Israel. Comenzaremos a los pies de Jesús.

Lucas 7:37 Había en la ciudad una mujer que era pecadora, y cuando se enteró de que Jesús estaba sentado a la mesa en casa del fariseo, trajo un frasco de alabastro con perfume; 7:38 y poniéndose detrás de Él a Sus pies, llorando, comenzó a regar Sus pies con lágrimas y los secaba con los cabellos de su cabeza, besaba Sus pies y los ungía con el perfume. (LBLA)

Aquí encontramos a una mujer que se puso a los pies de Jesús, y le lavó los pies con sus lágrimas y un ungüento muy caro, mientras se los enjugaba con sus cabellos. También le besó los pies. Esto es lo que Jesús dijo de ella:

Lucas 7:47 Por lo cual te digo que sus muchos pecados son perdonados, porque amó mucho; mas al que se perdona poco, poco ama.

Según Jesús, al lavarle y besarle los pies, esta mujer amó mucho. La gente no hace eso hoy. Este tipo de actividad es completamente ajena a nosotros en nuestro tiempo y cultura. Si no tuviéramos conocimiento previo de esta referencia bíblica, tendríamos algunas dificultades para entender a alguien que hiciera eso. Pero eso es lo que hizo esta mujer. Y Jesús la elogió por ello.

En otro pasaje, un hombre llamado Jairo cae a los pies de Jesús.

Lucas 8:41 Y he aquí un varón, llamado Jairo, y que era príncipe de la sinagoga, vino, y cayendo á los pies de Jesús, le rogaba que entrase en su casa;

Hoy en día no tenemos la costumbre de arrojarnos a los pies de otras personas, ni siquiera de aquellas a las que tenemos en alta estima. Estamos tan alejados de los tiempos, lugares y culturas que practicaban tales cosas que ni siquiera se nos pasaría por la cabeza hacer algo así. De hecho, nos parecería extraño ver a alguien que lo hiciera. Pero esto es lo que hizo Jairo. Se postró a los pies de Jesús.

Jairo cayó. María se sentó.

Lucas 10:38 Y aconteció que yendo, entró él en una aldea: y una mujer llamada Marta, le recibió en su casa.
10:39 Y ésta tenía una hermana que se llamaba María, la cual sentándose á los pies de Jesús, oía su palabra.

María se sentó a los pies de Jesús para escuchar su palabra. Marta estaba ocupada sirviendo y estaba molesta porque María no la ayudaba. Entonces ella se quejó ante Jesús. Esto es lo que Jesús le dijo a Marta:

Lucas 10:41 Pero respondiendo Jesús, le dijo: Marta, Marta, cuidadosa estás, y con las muchas cosas estás turbada:
10:42 Empero una cosa es necesaria; y María escogió la buena parte, la cual no le será quitada.

Al responder a Marta, Jesús dijo que hay una cosa que es necesaria. La llamó *la buena parte*, y María la había elegido. Esta única cosa sería sentarse a sus pies y escuchar su palabra. Dijo que no se la quitarían. Parece haber una diferencia entre la perspectiva que María tenía de Jesús y la de Marta. Marta estaba distraída con otras cosas, pero María se sentó a Sus pies y aprendió de Él. María escogió *la buena parte*.

Y luego estaba aquella otra vez en la que se cambiaron las tornas; aquella vez en la que Jesús se arrodilló a los pies de sus propios discípulos.

Juan 13:3 Sabiendo Jesús que el Padre le había dado todas las cosas en las manos, y que había salido de Dios, y á Dios iba,
13:4 Levántase de la cena, y quítase su ropa, y tomando una toalla, ciñóse. 13:5 Luego puso agua en un lebrillo, y comenzó á lavar los pies de los discípulos, y á limpiarlos con la toalla con que estaba ceñido.

Antiguamente, la gente llevaba sandalias, caminaba por todas partes y se ensuciaba los pies. Tenían que lavarse los pies. Pero también era normal en aquella época que a las personas de clase alta les lavaran los pies sus criados; sus esclavos. Al lavar los pies de sus discípulos, Jesús ejemplificó algo que les había estado enseñando:

Marcos 10:42 Mas Jesús, llamándolos, les dice: Sabéis que los que se ven ser príncipes entre las gentes, se enseñorean de ellas, y los que entre ellas son grandes, tienen sobre ellas potestad.

Marcos 10:43 Mas no será así entre vosotros: antes cualquiera que quisiere hacerse grande entre vosotros, será vuestro servidor;
10:44 Y cualquiera de vosotros que quisiere hacerse el primero, será siervo de todos.
10:45 Porque el Hijo del hombre tampoco vino para ser servido, mas para servir, y dar su vida en rescate por muchos.

Primero, les enseñó. Pasaron años en su presencia aprendiendo de Él. Y cuando se acercó el momento de Su partida, les mostró lo que quería decir, haciendo lo que les enseñó. Y se lo hizo *a ellos*.

¿Recuerdas a aquella mujer del evangelio de Lucas que le lavó los pies con sus lágrimas? Jesús dijo que sus pecados eran muchos, pero que habían sido perdonados, por eso ella había mostrado un gran amor. Y aquí está Aquel sin pecado, que no necesita el perdón de nadie, poniéndose a los pies de los hombres pecadores. El Señor de señores y Rey de reyes se despojó de Sus vestiduras, se vistió de humildad y comenzó una tarea relegada a esclavos. Él los amaba tanto.

A partir de estos ejemplos, vemos que ponerse a los pies de otro demuestra sumisión y humildad. Al mismo tiempo, también reconoce algo de valor, valía o superioridad hacia la otra persona. Ahora estamos en condiciones de comprender mejor lo que ocurrió aquella noche en la era.

Respuesta de Ruth

Y vió también una viuda pobrecilla....

Lucas 21:2

Ruth 3:5 Y le respondió: Haré todo lo que tú me mandares.

Noemí le había dado a Ruth algunas instrucciones muy detalladas, que requerían una combinación de coraje y humildad. Ella debía acercarse a este hombre, mientras estaba en su cama (o lo que fuera que él usara como cama bajo las estrellas), descubrir sus pies y acostarse allí. La mayoría de nosotros podría tener algunas preguntas al respecto. Incluso podríamos sugerir otras ideas.

Sin pestañear, Ruth se limitó a responder: "Haré todo lo que me digas". Guau. ¿Quién no querría a alguien así? Curiosamente, hubo otra ocasión en la que todo Israel respondió a Dios de forma muy parecida.

Éxodo 19:7 Entonces vino Moisés, y llamó á los ancianos del pueblo, y propuso en presencia de ellos todas estas palabras que Jehová le había mandado.
19:8 Y todo el pueblo respondió á una, y dijeron: Todo lo que Jehová ha dicho haremos. Y Moisés refirió las palabras del pueblo á Jehová.

¿Cuántos de los que hicieron esa declaración cumplieron realmente la promesa? Ni una sola persona en toda la historia de la humanidad cumplió todos los mandamientos de Dios, con la excepción de Jesucristo. Jesús hizo la voluntad de Su Padre. Fue fiel hasta la muerte.

Si Ruth pudiera caracterizarse por un rasgo de su carácter, éste sería la fidelidad. Cumplió su promesa, y su motivación fue el amor por una viuda anciana. Cuando se compara con las grandes cosas que algunas personas han logrado, esto parece más bien pequeño e insignificante; una viuda cuidando a otra viuda en un pequeño pueblo. Podemos dejarnos engañar por las apariencias.

Lucas 21:1 Levantando Jesús la vista, vio a los ricos que echaban sus ofrendas en el arca del tesoro.
21:2 Y vio también a una viuda pobre que echaba allí dos pequeñas monedas de cobre;
21:3 y dijo: En verdad os digo, que esta viuda tan pobre echó más que todos ellos;
21:4 porque todos ellos echaron en la ofrenda de lo que les sobraba, pero ella, de su pobreza, echó todo lo que tenía para vivir. (LBLA)

Jesús vio una viuda pobrecilla; y su historia se ha contado y recontado durante dos mil años. Esta persona está en nuestras Biblias, habiendo recibido su lugar en la Palabra inspirada.

Y estamos leyendo la historia de una familia por lo demás desconocida, cuyos hombres murieron. Sus esposas quedaron viudas. Y de la muerte y la desesperación, Dios eleva a una joven viuda de un pueblo no elegido; una viuda, que sirvió a una viuda. Y a través de Su providencia ella es honrada en Su historia, con el título que lleva su nombre. Y nosotros la estudiamos y aprendemos sobre Jesús. Dios es glorificado a través de Ruth.

Y vió también una viuda pobrecilla.

Ella Descendió

Haya, pues, en vosotros esta actitud que hubo también en Cristo Jesús,

Filipenses 2:5 (LBLA)

Ruth 3:6 Descendió pues á la era, é hizo todo lo que su suegra le había mandado.

Para cumplir su promesa, Rut tuvo que descender. Tenía que bajar. Rebajarse uno mismo normalmente no es algo deseable. Sin embargo, es un requisito. No se puede decir que alguien que se magnifica esté verdaderamente sometido al Maestro.

Filipenses 2:3 Nada hagáis por egoísmo o por vanagloria, sino que con actitud humilde cada uno de vosotros considere al otro como más importante que a sí mismo, (LBLA)

Ruth había demostrado su fidelidad en cosas menores, y ahora se la pone a prueba con un compromiso mayor. Y sabemos que Rut es fiel, y lo será hasta el final. Bajó a la era.

Booz está allí, separando el grano bueno de la paja. Es mucho trabajo, y también comerá y pasará la noche allí; lo más probable es que proteja sus productos de los animales y los ladrones.

¿Crees que tenía idea de que estaba siendo observado? Era un hombre marcado. Ruth fijó sus ojos en él. Ella lo observó y esperó pacientemente hasta que él se fue a acostar. Luego hizo su movimiento.

Entrando en Su Reposo

Por tanto, temamos, no sea que permaneciendo aún la promesa de entrar en Su reposo, alguno de ustedes parezca no haberlo alcanzado,

Hebreos 4:1 (NBLA)

Ruth 3:7 Y como Booz hubo comido y bebido, y su corazón estuvo contento, retiróse á dormir á un lado del montón. Entonces ella vino calladamente, y descubrió los pies, y acostóse.

Lo que Ruth hizo aquella noche en la era, debemos hacerlo todos. Llega un momento en que todos nos enfrentamos a esa misma decisión: ¿Nos pondremos a los pies del Redentor? No tenemos otro lugar adonde ir. Y siempre implica una mezcla de miedo, humildad y coraje; junto con la probabilidad de rechazo.

Jesús nunca rechazará a nadie que venga a Él; pero tus amigos pueden rechazarte. Tu familia podría rechazarte. Puede que tenga que cambiar de trabajo. Y en muchos lugares del mundo, puede ser arrestado o incluso asesinado. La realidad es que este mundo rechazó a Cristo y lo crucificó. Y continúa rechazándolo a Él rechazándonos a nosotros. La historia no ha cambiado. La salvación es un regalo gratuito, pero tiene su costo.

Ruth se puso a los pies del Redentor. Entró literalmente en su descanso. A diferencia de Jesús, que promete no echar nunca a nadie que venga a Él (Juan 6:37), Booz no es el Hijo de Dios. Es completamente humano. Por lo que Ruth sabía, él podría no aceptarla. Y una mujer que se mete en la cama de un hombre fácilmente tiene otras consecuencias negativas, que tal vez nadie llegue a conocer. Esas cosas pasan. Pero esas posibilidades de rechazo, o algo peor, no detuvieron a Ruth. Tampoco deberían apartarnos a nosotros de Jesucristo, nuestro verdadero Redentor.

Ninguno de nosotros tiene el poder de preservar nuestra propia vida; no ahora, y ciertamente no para siempre. Pero hay Uno que lo hace.

Porque los que hemos creído entramos en ese reposo
Hebreos 4:3 (LBLA)

Una mujer rechazada

(un breve digresión)

Pero Él no le contestó nada

Mateo 15:23 (NBLA)

Se nos dice que Jesús nunca rechazará a nadie que acuda a Él. Pero hay una historia en el Nuevo Testamento donde Jesús realmente rechazó a alguien que vino a Él por ayuda. O eso parece.

Mateo 15:22 Y he aquí una mujer Cananea, que había salido de aquellos términos, clamaba, diciéndole: Señor, Hijo de David, ten misericordia de mí; mi hija es malamente atormentada del demonio.
15:23 Mas él no le respondió palabra.

Esta mujer acudió a Jesús desesperada por su hija. Pero Jesús siguió con sus asuntos como si ella no estuviera allí. Para empeorar las cosas, sus discípulos trataron de echarla.

15:23 Vinieron sus discípulos y le rogaron, diciendo: Despídela, porque grita tras nosotros.

Parece que estaba poniendo de los nervios a todo el mundo. Debía de ser ruidosa y molesta. Querían deshacerse de ella. Y entonces Jesús mismo le dijo que no estaba allí para ayudarla. Parece un poco frío, ¿no?

15:24 Y él respondiendo, dijo: No soy enviado sino á las ovejas perdidas de la casa de Israel.

Esta mujer fue rechazada. No era israelita. Jesús vino a ministrar a la casa de Israel, no a ella. Puede que ella ya lo supiera, pero eso no la detuvo. Se pone peor.

15:25 Entonces ella vino, y le adoró, diciendo: Señor, socórreme.

Esta mujer está desesperada. ¡Se trata de su hija! ¡Ella se arroja a Sus pies y lo adora suplicando ayuda! Luego arroja esta bomba:

Mateo 15:26 Y respondiendo él, dijo: No es bien tomar el pan de los hijos, y echarlo á los perrillos.

¿Echarlo a los perros? ¡Qué cosa tan horrible decirle a una mujer que suplica por la vida de su hija!

Pero, ¿qué está haciendo Jesús en realidad? Nos está enseñando a través de esta maravillosa y hermosa persona. Él sabe exactamente qué decir, porque sabe exactamente cómo responderá ella. A veces es necesario que Dios saque de nosotros lo que llevamos dentro; y puede doler. Pero haríamos bien en prestar atención y aprender. Esta mujer no se dará por vencida. Pero sabe cuál es su lugar. Ella es humilde.

15:27 Y ella dijo: Sí, Señor; mas los perrillos comen de las migajas que caen de la mesa de sus señores.

Incluso cuando parezca que Él nos rechaza (pero está de nuestro lado), nunca debemos dejar de buscarlo. Dios da gracia a los humildes. En cuanto a esta mujer, Jesús la escuchó y concedió su petición.

15:28 Entonces respondiendo Jesús, dijo: Oh mujer, grande es tu fe; sea hecho contigo como quieres. Y fué sana su hija desde aquella hora.

¿Qué ocurrió realmente aquí? Jesús tomó esta situación aparentemente al azar y demostró algo que había estado enseñando a sus discípulos sobre la oración todo el tiempo:

Lucas 11:5 También les dijo: Supongamos que uno de vosotros tiene un amigo, y va a él a medianoche y le dice: «Amigo, préstame tres panes,

11:6 porque un amigo mío ha llegado de viaje a mi casa, y no tengo nada que ofrecerle»;

11:7 y aquel, respondiendo desde adentro, le dice: «No me molestes; la puerta ya está cerrada, y mis hijos y yo estamos acostados; no puedo levantarme para darte nada».

11:8 Os digo que aunque no se levante a darle algo por ser su amigo, no obstante, por su importunidad se levantará y le dará cuanto necesite.

11:9 Y yo os digo: Pedid, y se os dará; buscad, y hallaréis; llamad, y se os abrirá. (LBLA)

Jesús tiene una manera interesante de demostrar las cosas que enseña. Lo hizo cuando lavó los pies de Sus discípulos, y lo hizo con esta mujer cananea. Y si prestas atención, Él todavía lo está haciendo.

El poder del amor

... empero no como yo quiero, sino como tú.

Mateo 26:39

Ruth era humilde. No bajó a aquella era como una oportunista interesada. Simplemente obedeció a Noemí y se puso a merced de Booz.

Ruth 3:7 Cuando Booz hubo comido y bebido, y su corazón estaba contento, fue a acostarse al pie del montón de grano; y ella vino calladamente, descubrió sus pies y se acostó.
3:8 Y sucedió que a medianoche el hombre se asustó, se volvió, y he aquí que una mujer estaba acostada a sus pies. (LBLA)

Si Booz estaba dormido antes, ¡podemos estar seguros de que no pegó ojo el resto de esa noche! Hemos llegado al segundo clímax. Este es para Booz.

Ruth 3:9 Entonces él dijo: ¿Quién eres? Y ella respondió: Yo soy Ruth tu sierva: extiende el borde de tu capa sobre tu sierva, por cuanto eres pariente cercano.

¿No te encanta cómo trabaja Dios? Puede pasar toda una cosecha (o incluso un milenio) antes de que Él se mueva; pero cuando lo hace, ¡se mueve rápido! No deja tiempo para decisiones graduales. De repente te confronta con la verdad, y tienes que decidir. Y aquí, Booz encuentra de repente a una mujer echada a sus pies en medio de la noche - pero no cualquier mujer joven. ¡Es Ruth! ¡Y es despampanante! Y también huele bien. ¡Y ella le está proponiendo matrimonio! Y ella le dice que él es el *goel*, lo que significa que es su deber casarse con ella.

Para Booz, esto era probablemente mejor que un sueño hecho realidad.

Ruth 3:10 Entonces él dijo: Bendita seas del SEÑOR, hija mía. Has hecho tu última bondad mejor que la primera, al no ir en pos de los jóvenes, ya sean pobres o ricos. (LBLA)

Booz está encantado. Y le agradece su amabilidad al no seguir a los jóvenes. Me pregunto en qué estaría pensando Ruth cuando él le dijo eso. ¿Recuerdas lo que le dijo a Noemí al principio de la cosecha?

Ruth 2:21 Y Ruth Moabita dijo: A más de esto me ha dicho: Júntate con mis criados, hasta que hayan acabado toda mi siega.

Por supuesto, sabemos que eso no fue exactamente lo que Booz dijo. Parece haber sido el deseo de Ruth hacer exactamente lo que Booz la elogiaba por no hacer. Suena como nosotros, ¿verdad? Después de todo, Ruth es humana. ¿Y quién sabe qué interacciones pueden haber tenido lugar en los campos cuando los jóvenes le suministraban esos puñados a propósito? Pero su sumisión a Noemí, en lugar de hacer su propia voluntad, le valió la bendición del redentor.

Hubo un tiempo en que Alguien Más eligió dejar de lado Su propia voluntad para seguir la voluntad de Otro.

Marcos 14:35 Adelantándose un poco, se postró en tierra y oraba que si fuera posible, pasara de Él aquella hora.
14:36 Y decía: ¡Abba, Padre! Para ti todas las cosas son posibles; aparta de mí esta copa, pero no sea lo que yo quiero, sino lo que tú quieras." (LBLA)

La sumisión de Cristo a la voluntad del Padre le ganó la victoria sobre la muerte y el infierno, un Nombre sobre todo nombre, trajo la salvación al mundo entero, y mucho más de lo que podemos empezar a comprender. Pero hubo un momento en que Su voluntad no era la misma que la del Padre. Él siguió la voluntad del Padre. Nos amaba tanto.

También nos dejó un ejemplo. Así que quizá la cuestión no sea tanto qué quieres hacer o preferirías no hacer, sino a quién amas y cuánto.

Perder la vida y encontrarla

Por tanto os digo: No estéis afanosos de vuestra vida,

Lucas 12:22

Ruth renunció a un posible futuro con un nuevo esposo cuando dejó Moab para acompañar a Noemí. Y comenzaron las bendiciones. Renunció a la posibilidad de tener compañía con un joven al que podría llegar a amar cuando puso la preocupación de Noemí por encima de sus propios deseos. Y las bendiciones nunca dejaron de fluir. Y se pone mejor; pero no sin ponerse a los pies del redentor.

Ruth 3:11 Ahora hija mía, no temas. Haré por ti todo lo que me pidas, pues todo mi pueblo en la ciudad sabe que eres una mujer virtuosa.
3:12 Ahora bien, es verdad que soy pariente cercano, pero hay un pariente más cercano que yo. (LBLA)

Booz dice, "¡Sí!" Y lo respalda diciéndole que toda la ciudad sabe que es una mujer virtuosa! Esto fue mucho antes de que se escribiera Proverbios 31 (pero puedes aprender más sobre la mujer virtuosa allí, comenzando en el versículo 10). Es todo un cumplido. Y en el caso de Ruth, también es muy cierto.

Ésa era la buena noticia. Pero también hay otras noticias. Hay otro hombre que es pariente más cercano que Booz. Nunca sabremos si eran malas noticias. Ese otro hombre podría haber sido un buen marido para Ruth. Por supuesto, esta es una vieja historia y ya sabemos cómo termina. Pero la entrada de esta otra persona es el ingrediente perfecto para sacar a relucir el carácter de Booz.

Todos esos días trabajando en el campo, Booz tuvo muchas oportunidades de acercarse a Ruth, y podría haberse ganado fácilmente su afecto. Después de todo, era un hombre poderoso, rico y honrado. ¿Qué mujer no querría a un hombre así? Pero Booz era también un hombre piadoso. No se encuentran muchos de esos.

Booz sabía que este otro hombre le precedía en el orden de parentesco. No podía casarse con Ruth basándose en su propio deseo de amor y compañía sin violar este orden establecido desde hacía mucho tiempo. También podría provocar cierto grado de desprecio, ya fuera por parte de este otro pariente o de otra persona. El desprecio y los malos sentimientos tienen una forma de propagarse. Booz estaba por encima de eso. Se negó a sí mismo.

Y de nuevo, Ruth era una mujer más joven. ¿Y qué es más natural que ella se enamore y se case con alguien más cercano a su edad? Booz no se interpondría, por motivos egoístas, en su deseo de casarse con un buen joven de su edad. En su respuesta a Ruth, de que ella no siguiera a los jóvenes (v. 10), Booz parece revelar ese razonamiento.

Y así, Booz, aunque favoreció a Ruth durante toda la cosecha con *puñados a propósito* (en secreto a través de sus segadores), que Ruth a su vez, proveyó para Noemí, no interfirió con su libertad para tomar sus propias decisiones. Y ahora ella está a sus pies, proponiéndole matrimonio; pero por amor a Noemí.

Y así tenemos dos personas que, al dejar de lado sus vidas y deseos personales por el bien de los demás, se unen. Y ni siquiera esto es obra suya, sino de la voluntad de otra persona. No creo que estén decepcionados.

Sin embargo, existe este otro pariente. Aún no ha terminado.

Esperando a los pies del Redentor

Cuando te acostares, no tendrás temor

Proverbios 3:24

Ruth 3:13 Quédate esta noche, y cuando venga la mañana, si él quiere redimirte, bien, que te redima. Pero si no quiere redimirte, entonces yo te redimiré, vive el SEÑOR. Acuéstate hasta la mañana. 3:14 Y ella se acostó a sus pies hasta la mañana, (LBLA)

Nótese la humildad del redentor. Ciertamente desea a Ruth. Y, sin embargo, hay alguien que le precede en la fila para cumplir el papel de pariente. Booz está dispuesto a esperar y a correr el riesgo de perderla a manos de otro, para hacer lo correcto.

Le dice a Ruth que se quede a pasar la noche. Hasta que Booz se entere de lo que decide este pariente más cercano, no la tocará. A pesar de lo que algunos eruditos y comentaristas han imaginado, no ocurrió nada escandaloso aquella noche en la era. Ruth permaneció a sus pies hasta la mañana siguiente. Tienes la Palabra de Dios al respecto.

Al entrar en su reposo, Ruth permaneció a los pies del Redentor durante la noche. Llegará la mañana, y él se levantará y comenzará su obra. Volverán a estar juntos como la novia y el novio. Sabemos cómo termina. Pero por ahora, ella debe esperar.

Y sabemos que también estaremos con nuestro Esposo. Tenemos Su Palabra. Sabemos cómo termina. Pero por ahora, debemos esperar la noche también.

El secreto

Y les apercibió que no hablasen de él á ninguno.

Marcos 8:30

Ruth 3:14 Y ella se acostó a sus pies hasta la mañana, y se levantó antes que una persona pudiera reconocer a otra; y él dijo: Que no se sepa que ha venido mujer a la era. (LBLA)

Es temprano, aún no ha amanecido. La propuesta ha sido hecha y aceptada condicionalmente. Hoy Booz se reunirá con este otro pariente y discutirá el asunto. Probablemente estuvo despierto toda la noche pensando en la manera de inclinar las probabilidades a su favor. Por ahora, todavía está oscuro. Nadie sabe quién es quién. Y Booz quiere que siga siendo así. No debe correr la voz de que una mujer ha entrado en la era. Podemos estar seguros de que Booz tiene una estrategia, y parece que mantener en secreto la visita de Ruth a medianoche era crucial para el éxito de su plan.

Booz se parece a Jesús en esto, porque Cristo también tenía una estrategia. Él sabía por qué había venido. Él sabía lo que tenía que hacer. Y sabía que había algunas cosas que debían permanecer en secreto, y por una buena razón.

1 Corintios 2:7 Mas hablamos sabiduría de Dios en misterio, la sabiduría oculta, la cual Dios predestinó antes de los siglos para nuestra gloria:
2:8 La que ninguno de los príncipes de este siglo conoció; porque si la hubieran conocido, nunca hubieran crucificado al Señor de gloria:

Esperando al Redentor

Esperando aquella esperanza bienaventurada...

Tito 23:11

No es ningún secreto para nosotros que Booz desea a Ruth y está trabajando en un plan que podría unirlos. Quiere ocultar la visita de Ruth la noche anterior. Si esa información llegara a saberse, podría tener un efecto negativo. La envía de vuelta a la ciudad antes del amanecer, pero no sin un regalo para Noemí.

Ruth 3:14 Y ella se acostó a sus pies hasta la mañana, y se levantó antes que una persona pudiera reconocer a otra; y él dijo: Que no se sepa que ha venido mujer a la era.

3:15 Dijo además: Dame el manto que tienes puesto y sujétalo. Y ella lo sujetó, y él midió seis medidas de cebada y se las puso encima. Entonces ella entró en la ciudad.

3:16 Cuando llegó a donde estaba su suegra, esta dijo: ¿Cómo te fue, hija mía? Y le contó todo lo que el hombre había hecho por ella.

3:17 Y dijo: Me dio estas seis medidas de cebada, pues dijo: «No vayas a tu suegra con las manos vacías».

3:18 Entonces Noemí dijo: Espera, hija mía, hasta que sepas cómo se resolverá el asunto; porque el hombre no descansará hasta que lo haya arreglado hoy. (LBLA)

Booz entendió perfectamente la mano de Noemí al enviar a Ruth a la era esa noche; porque ¿de qué otra manera habría sabido Ruth, una moabita, que él es el *goel* (pariente redentor)? Pero Noemí lo sabía. Y entonces Booz le envió el regalo de seis medidas de cebada de la mano de Ruth. Noemí entendió el mensaje. Ella entendió el regalo. Y ahora deben esperar.

Capítulo 4

Booz prevalece

Al que venciere, yo lo haré columna en el templo de mi Dios

Apocalipsis 3:12

Ruth 4:1 Y Booz subió a la puerta y allí se sentó, y he aquí que el pariente más cercano de quien Booz había hablado iba pasando, y le dijo: Eh, tú, ven acá y siéntate. Y él vino y se sentó.
4:2 Y Booz tomó diez hombres de los ancianos de la ciudad, y les dijo: Sentaos aquí. Y ellos se sentaron. (LBLA)

La puerta de la ciudad era el lugar por donde entraba y salía la gente. También era el equivalente a nuestros tribunales de justicia modernos, o plazas públicas. Es aquí donde se tomará la decisión con respecto a Ruth.

Booz no deja tiempo a este otro hombre para planear o maquinar. Lo llama y reúne a los ancianos. Esto sucederá rápidamente. Su estrategia es doble: buenas noticias y otras noticias; con la esperanza de que estas *otras noticias* puedan beneficiarle. Así que empieza con las buenas noticias.

Ruth 4:3 Entonces dijo al pariente más cercano: Noemí, que volvió de la tierra de Moab, tiene que vender la parte de la tierra que pertenecía a nuestro hermano Elimelec.
4:4 Y pensé informarte, diciéndote: «Cómprala en presencia de los que están aquí sentados, y en presencia de los ancianos de mi pueblo. Si la vas a redimir, redímela; y si no, dímelo para que yo lo sepa; porque no hay otro aparte de ti que la redima, y yo después de ti». Y él dijo: La redimiré. (LBLA)

La buena noticia es que hay tierras en venta. Noemí es la vendedora, y como este hombre es el pariente más cercano a Elimelec, es el primero en la fila para comprarla. Todo está preparado.

Los ancianos están presentes, y si no está interesado, Booz quiere saberlo, porque es el siguiente en la fila después de él. Al oír esta aparente buena noticia, el hombre dice que la redimirá. Comprará la tierra. Y ahora, Booz presentará la fase dos de su estrategia; la otra noticia.

Ruth 4:5 Entonces replicó Booz: El mismo día que tomares las tierras de mano de Noemi, has de tomar también á Ruth Moabita, mujer del difunto, para que suscites el nombre del muerto sobre su posesión.

A este pobre hombre lo ponen en un aprieto delante de diez testigos a primera hora de la mañana. El hombre estaba ciertamente dispuesto a comprar la tierra. Pero entonces Booz empieza a explicar la otra parte del acuerdo. Los ancianos están mirando. Booz despliega el paquete; sobre la adquisición de Ruth la moabita, la viuda del muerto, para perpetuar el nombre del muerto en su herencia.

No hay duda de la implicación, y este pobre hombre probablemente parece un poco enfermo en este momento. Los ancianos probablemente sonreían. ¿Va a adquirir una esposa moabita ahora mismo ante diez testigos? Es demasiado pronto y demasiado repentino. Ciertamente habría comprado la tierra, pero casarse con una mujer moabita ni siquiera era una consideración.

Lo que comenzó como un buen trato no parece tan bueno después de todo. Tiene otras cosas que hacer hoy, y se las arreglará muy bien sin comprar esa tierra. Elige el camino de menor resistencia.

Ruth 4:6 Y respondió el pariente: No puedo redimir por mi parte, porque echaría á perder mi heredad: redime tú usando de mi derecho, porque yo no podré redimir.

Preocupado por su propia herencia, este otro pariente optó por no redimir. Dejado en sus manos, el nombre del muerto seguiría muerto. Aunque tenía el poder de restaurarlo, se dejó llevar por otras preocupaciones; sus propias preocupaciones. Podríamos decir que trató de salvar su vida, en lugar de perderla. Y esto es lo último que vemos de él. Pero Booz recibirá un lugar de honor especial.

Avancemos unos doscientos años, a una era diferente, a unas seis millas al norte de Belén, donde se está llevando a cabo un importante proyecto de construcción. El responsable aquí es también el arquitecto jefe. Su nombre es Hiram. Hiram está trabajando bajo la comisión nada menos que del rey Salomón, y el edificio pronto se convertirá en el templo de Dios.

La historia lo recordará como el Templo de Salomón. Este es el lugar donde Dios hará morar Su nombre. Aquí, el cielo tocará la tierra. Dios se reunirá con el hombre en su cámara interior, el Santo de los Santos. El pecado será expiado, y muchas ofrendas serán sacrificadas.

Será un lugar de grandes fiestas y celebraciones en presencia de Dios. Salomón recibió los planos del mismo de su padre David, quien le dijo que había recibido su diseño de la mano de Dios sobre él; cada detalle (1 Crónicas. 28:19).

Parados frente al templo mientras se construye, miramos hacia el oeste. Elevándose casi diez metros por encima de nosotros, acaban de colocarse dos pilares de bronce en la entrada. Hiram los hizo. Y les dio nombres, según las instrucciones del modelo dado por la mano de Dios a David.

2nd Crónicas 3:17 Y asentó las columnas delante del templo, la una á la mano derecha, y la otra á la izquierda; y á la de la mano derecha llamó Jachîn, y á la de la izquierda, Boaz.

La Sandalia

Y si el hombre no quisiere tomar á su cuñada, ...

Deuteronomio 25:7

Ruth 4:7 Y la costumbre en tiempos pasados en Israel tocante a la redención y el intercambio de tierras para confirmar cualquier asunto era esta: uno se quitaba la sandalia y se la daba al otro; y esta era la manera de confirmar en Israel.

4:8 El pariente más cercano dijo a Booz: Cómprala para ti. Y se quitó la sandalia. (LBLA)

En la época en que se escribió el libro de Ruth, esta costumbre de la sandalia ya no se practicaba, por lo que se le da una breve explicación en el texto. Pero la tradición también se encuentra en el libro de la Ley; en el Deuteronomio.

Deuteronomio 25:7 Pero si el hombre no quiere tomar a su cuñada, entonces su cuñada irá a la puerta, a los ancianos, y dirá: «Mi cuñado se niega a establecer un nombre para su hermano en Israel; no quiere cumplir para conmigo su deber de cuñado».

25:8 Entonces los ancianos de su ciudad lo llamarán y le hablarán. Y si él persiste y dice: «No deseo tomarla»,

25:9 entonces su cuñada vendrá a él a la vista de los ancianos, le quitará la sandalia de su pie y le escupirá en la cara; y ella declarará: «Así se hace al hombre que no quiere edificar la casa de su hermano».

25:10 Y en Israel se le llamará: «La casa del de la sandalia quitada». (LBLA)

En Israel se consideraba honorable que un hombre se casara con la viuda de su hermano y restaurara el nombre de su hermano fallecido. Esto era comparable a restaurar la vida de entre los muertos.

El nombre que se perdió en la muerte del hombre sin hijo fue restaurado por su hermano a través de la esposa del hombre que murió. Esto era de esperar.

El hermano que se negaba a hacerlo, en esencia se negaba a restaurar el nombre de su hermano fallecido. Esto se consideraba una deshonra, y se reflejaba en la retirada pública de su sandalia por parte de la mujer de su hermano, que también le escupía en la cara en presencia de los ancianos. El nombre de su casa también fue deshonrado.

Deuteronomio otorga a la viuda el derecho legal de quitarle la sandalia al hombre. Obtendría la sandalia como símbolo ante los ancianos, y probablemente retendría la propiedad de la propiedad de su difunto esposo, y sería libre de casarse fuera de su familia. Pero este no era el resultado deseado para una mujer en esa cultura.

Aquí, en el libro de Ruth, Booz se pone en el lugar de la viuda, que es Noemí. Él intercede por ella. Como ya ha pasado la edad de procrear, Ruth será la novia a través de la cual resucitará el nombre de los muertos. A diferencia del Deuteronomio, aquí el pariente se quita su propia sandalia y se la entrega a Booz. Se trata de una transacción entre redentores. Booz es a la vez intercesor (por Noemí) y redentor. No habrá perdedores en esta transacción. Se trata simplemente de quién será el redentor. Y así, el pariente más cercano se quita su propia sandalia y se la da a Booz, cediéndole así su derecho y su responsabilidad. Booz posee ahora el derecho de redimir.

La razón por la que se utilizó una sandalia en esta transacción se ha perdido. Hoy en día, las opiniones difieren entre los eruditos en cuanto a lo que representa la sandalia. Dos cosas son evidentes. El hombre que pierde una de sus sandalias indica pérdida por su parte. Al mismo tiempo, significa una especie de ventaja de la parte que gana sobre la que pierde. Sea como fuere, quizá nos baste con saber que se utilizó una sandalia y que ésta desempeñó un papel en la redención.

Unos mil años más tarde, Juan el Bautista dirá algo sobre una sandalia; la sandalia de otro Redentor, que es también nuestro Intercesor, y nuestro Esposo. ¿Crees que existe alguna relación?

Juan 1:26 Juan les respondió, diciendo: Yo bautizo en agua, pero entre vosotros está Uno a quien no conocéis.
1:27 Él es el que viene después de mí, a quien yo no soy digno de desatar la correa de su sandalia. (LBLA)

Día de la Redención

Porque comprados sois por precio

1 Corintios 6:20

Ruth 4:9 Entonces Booz dijo a los ancianos y a todo el pueblo: Vosotros sois testigos hoy que he comprado de la mano de Noemí todo lo que pertenecía a Elimelec y todo lo que pertenecía a Quelión y a Mahlón.
4:10 Además, he adquirido a Ruth la moabita, la viuda de Mahlón, para que sea mi mujer a fin de preservar el nombre del difunto en su heredad, para que el nombre del difunto no sea cortado de sus hermanos, ni del atrio de su lugar de nacimiento; vosotros sois testigos hoy. (LBLA)

Podemos imaginarnos a Booz sosteniendo en alto esa sandalia mientras hace el anuncio, que comienza y termina con las palabras: *vosotros sois testigos hoy.* Y así fue. Todos los presentes ese día fueron testigos del hecho de que Booz había comprado y obtenido legalmente de Noemí todo lo que pertenecía a Elimelec y a sus hijos. Esto incluía a Ruth. Booz compró a Ruth para que fuera su esposa, para elevar el nombre de los muertos sobre su herencia.

En nuestra época y cultura, nos parece inaceptable que un hombre compre una esposa. Pero eso es lo que ocurrió. Y no podría haber ocurrido de otra manera; porque eso es lo que hizo Jesús. Pero no debemos simplificarlo demasiado. Booz hizo lo que el otro pariente no estaba dispuesto a hacer. En efecto, hizo un sacrificio al dar su vida por Ruth. Y Jesucristo dio su vida por nosotros.

1st Peter 1:18 sabiendo que no fuisteis redimidos de vuestra vana manera de vivir heredada de vuestros padres con cosas perecederas como oro o plata, 1:19 sino con sangre preciosa, como de un cordero sin tacha y sin mancha, la sangre de Cristo. (LBLA)

La semilla de la mujer

ésta te herirá en la cabeza,

Génesis 3:15

Ruth 4:11 Y todo el pueblo que estaba en el atrio, y los ancianos, dijeron: Testigos somos. Haga el SEÑOR a la mujer que entra en tu casa como a Raquel y a Lea, las cuales edificaron la casa de Israel; y que tú adquieras riquezas en Efrata y seas célebre en Belén.
4:12 Además, sea tu casa como la casa de Fares, el que Tamar dio a luz a Judá, por medio de la descendencia que el SEÑOR te dará de esta joven.

El pueblo y los ancianos dieron testimonio de todo lo que Booz acababa de anunciar, con lo que la transacción quedó completa y legal. Y entonces empezaron a bendecir a Ruth y a Booz: que *el SEÑOR* hiciera a Ruth semejante a las matriarcas de Israel, *Raquel y a Lea*; y que Booz obrara dignamente *en Efrata* y fuera famoso *en Belén*. Pero no se detiene ahí. La bendición continúa incluyendo la casa de Booz; *tu casa*. Están hablando de las futuras generaciones de su familia; de que su casa sería como *la casa de Fares*.

Booz era descendiente directo de Fares. Fares también tuvo muchos otros descendientes que formaron ciudades y pueblos enteros en Israel. Se llamaban los farzitas (Números 26:20). Por eso el pueblo y los ancianos bendijeron a Booz con la intención de que su casa (su descendencia) fuera como la de Fares. Y Dios cumplió esta bendición, en más de un sentido.

Cuando el pueblo y los ancianos se refirieron a Fares, también mencionaron a sus padres, Tamar y Judá. Al igual que Ruth, Tamar también es una campeona en la guerra entre la semilla y la serpiente. Su historia se encuentra en Génesis 37. Le he dedicado una sección en el Apéndice. Nuestro Dios es un Dios asombroso.

La última frase de esta bendición merece especial atención.

... de la descendencia que el SEÑOR te dará de esta joven. (v. 12)

En medio de esta frase hay una promesa: *el SEÑOR te dará.* Es una promesa a Booz. No deja lugar a dudas: *el SEÑOR te dará.* Esto es algo que el SEÑOR va a hacer. Esto sucederá.

Las palabras que rodean esta promesa nos dicen lo que el SEÑOR dará a Booz: *la descendencia* (o simiente)... *de esta joven.* La palabra hebrea original es *zera'* y significa *semilla.* El SEÑOR dará a Booz la *simiente* de esta joven; *la simiente de la mujer.* Y así lo hizo.

Ruth comenzó con una victoria del diablo: tres muertos, ninguna semilla. Pero la historia no termina ahí. Termina aquí, con un nuevo comienzo y una esperanza restaurada.

Y aún no hemos terminado.

El nuevo nacimiento

Que os ha nacido hoy, en la ciudad de David, un Salvador, ...

Lucas 2:11

Ruth 4:13 Booz pues tomó á Ruth, y ella fué su mujer; y luego que entró á ella, Jehová le dió que concibiese y pariese un hijo.

Booz y Ruth por fin están juntos. Aquella noche en la era produjo mucho más que buen grano para Booz. Esto nos hace preguntarnos. Porque si esta parábola viviente de la redención proporciona una imagen de lo que Jesús iba a hacer por nosotros, ¿no proporciona también algo para Él? ¿Son todas las parábolas sólo para nuestro beneficio? ¿O sucede algo más?

Tal como había prometido, Jehová hizo concebir a Ruth, que dio a luz un hijo.

Ruth 4:14 Entonces las mujeres dijeron a Noemí: Bendito sea el SEÑOR que no te ha dejado hoy sin redentor; que su nombre sea célebre en Israel. 4:15 Sea él también para ti restaurador de tu vida y sustentador de tu vejez; porque tu nuera, que te ama y es de más valor para ti que siete hijos, le ha dado a luz. (LBLA)

¿Lo has entendido? Dijeron: "*Bendito sea el SEÑOR que no te ha dejado hoy sin redentor*". Y luego dijeron: "*porque tu nuera, que te ama y es de más valor para ti que siete hijos, le ha dado a luz* ". Están hablando del bebé. El bebé es el *goel*. Es el *redentor*. Parece haber habido una transferencia de padre a hijo. Booz era el goel, el pariente-redentor. Su trabajo ha terminado, y ahora su esperanza está en *el hijo*; el recién nacido. Él es el *redentor*.

Y nació en Belén.

La mujer virtuosa

Mujer fuerte, ¿quién la hallará? porque su estima sobrepuja largamente á la de piedras preciosas.

-   Proverbios 31:10

Ruth 4:14 Entonces las mujeres dijeron a Noemí: Bendito sea el SEÑOR que no te ha dejado hoy sin redentor; que su nombre sea célebre en Israel.
4:15 Sea él también para ti restaurador de tu vida y sustentador de tu vejez; porque tu nuera, que te ama y es de más valor para ti que siete hijos, le ha dado a luz.
4:16 Entonces Noemí tomó al niño, lo puso en su regazo y fue su nodriza. (LBLA)

¡Esta es una ocasión feliz! Podemos imaginar a Noemí radiante mientras sostiene al bebé junto a su corazón, con las mujeres vecinas todas juntas y compartiendo la alegría del momento. Ruth está allí, y ocupa un lugar de especial reconocimiento. En su *fidelidad* inquebrantable a Noemí, Ruth se convirtió en la fuente de la *esperanza* a través de su matrimonio con Booz, que ahora se cumple con el nacimiento de este niño. Y aquí se la honra por su *amor* a Noemí.

1 Corintios 13:13 Y ahora permanecen la fe, la esperanza y el amor, estos tres; pero el mayor de ellos es el amor.

Restaurador de vida

Él restaura mi alma

Salmos 23:3 (LBLA)

Ruth 4:15 Sea él también para ti restaurador de tu vida y sustentador de tu vejez; porque tu nuera, que te ama y es de más valor para ti que siete hijos, le ha dado a luz.

Padre e hijo; ambos son redentores. Y el hijo será para Noemí un restaurador de vida. ¿No es eso lo que Jesús es para nosotros? ¿No somos como Noemí, cuyo nombre significa Mi Delicia? Dios nos ama y nos ha redimido por su Hijo. Jesús, que es nuestro Redentor, continuamente restaura nuestras vidas. Y Él continúa alimentándonos, incluso en nuestra vejez; porque Él es el Pan de Vida. Y con Jesús esto no termina. Él es un restaurador de la vida en más de un sentido.

Dícele Jesús: Yo soy la resurrección y la vida: el que cree en mí, aunque esté muerto, vivirá.   - Juan 11:25

El día de las pequeñas cosas

Porque un niño nos es nacido, hijo nos es dado

Isaías 9:6

Ruth 4:17 Y las mujeres vecinas le dieron un nombre, diciendo: Le ha nacido un hijo a Noemí. Y lo llamaron Obed. Él es el padre de Isaí, padre de David. (LBLA)

Y las mujeres vecinas le dieron un nombre. Algunas personas de la Biblia recibieron nombres de otras personas que no eran sus padres. Leemos que Dios ha hecho esto en varias ocasiones (Gn. 17:19; Isaías 8:3; Oseas 1:4, 6 por nombrar algunos). Sus ángeles también lo han hecho (Génesis 16:11; Lucas 1:13). Pero esta ocasión es única en el sentido de que el nombre de este niño fue dado por las mujeres, vecinas de Noemí; haciendo de este un acontecimiento extraordinariamente especial.

Para entenderlo, ayuda comprender la baja condición de la mujer en aquella época. Y hay que conocer a Jesús para entender lo que significa. Las mujeres de aquella época se consideraban a menudo al mismo nivel que la propiedad, y no era nada fuera de lo común que una mujer fuera comprada, vendida o objeto de trueque. Ese nivel de estatus social es incómodamente cercano a cero, lo que en realidad encaja perfectamente con la sabiduría de Dios.

1 Corintios 1:27 Antes lo necio del mundo escogió Dios, para avergonzar á los sabios; y lo flaco del mundo escogió Dios, para avergonzar lo fuerte;

La condición humilde de la mujer en la Biblia conlleva una promesa especial de grandeza.

porque el que fuere el menor entre todos vosotros, éste será el grande. (Lucas 9:48)

Este niño nació de una viuda pobre y joven cuya vida se definió por servir a su suegra; una viuda pobre y anciana. Recibió su nombre de las mujeres, las más humildes entre la gente en aquella época. Supongo que los hombres de ciencia aprendieron algo del poder de las cosas pequeñas cuando dividieron el átomo. Y nosotros estamos aprendiendo algo del poder de Dios en las cosas pequeñas.

Le ha nacido un hijo a Noemí. (4:17)

Desde el principio, Ruth ha dejado de lado su propia vida para cuidar de Noemí. Podríamos decir que Ruth ha sido un sacrificio viviente; una especie de pre-cumplimiento de Romanos 12:1. Y finalmente, aquí al final de la historia, da a luz un hijo a Noemí; su único hijo. Y él es el redentor. Ruth es algo así como Dios de esta manera; porque eso es lo que Él hizo por nosotros.

Juan 3:16 Porque de tal manera amó Dios al mundo, que ha dado á su Hijo unigénito, para que todo aquel que en él cree, no se pierda, mas tenga vida eterna.

Y le pusieron por nombre Obed. Ruth dio este hijo a Noemí para resucitar el nombre de Elimelec, el difunto marido de Noemí. Sin embargo, las mujeres le pusieron ese nombre en honor de Ruth, que servía a Noemí; pues Obed significa *servir*. Él es el redentor y el heredero de todo lo que pertenece a Elimelec (*Dios es Rey*), y su nombre es *Servir*. ¿Ves a Jesús?

Marco 10:45 Porque el Hijo del hombre tampoco vino para ser servido, mas para servir, y dar su vida en rescate por muchos.

El Rey venidero

... incluso en su reino nació pobre.

Eclesiastés 4:14

Ruth 4:18 Y estas son las generaciones de Phares: Phares engendró á Hesrón;
4:19 Y Hesrón engendró á Ram, y Ram engendró á Aminadab;
4:20 Y Aminadab engendró á Nahasón, y Nahasón engendró á Salmón;
4:21 Y Salmón engendró á Booz, y Booz engendró á Obed;
4:22 Y Obed engendró á Isaí, é Isaí engendró á David.

Ruth proporciona la genealogía del rey David. Y aunque fue escrito después de los hechos, podemos tener una idea fácilmente desde *la perspectiva de esta historia* de que esta genealogía mira tanto hacia atrás como hacia adelante en el tiempo. Desde esa perspectiva, apunta hacia David como *el rey venidero*, que reinará sobre Israel.

Y esto es exactamente lo que hemos visto a lo largo de esta historia. Se abre con hambre y muerte, y se cierra con una cosecha, una boda y un nuevo nacimiento. Desde aquel cuyo nombre significa *Dios es Rey* hasta el niño nacido en Belén que se llama *Servidor*; de la *debilidad* a la *fortaleza*, de la *muerte* a *la vida*, del *dolor* a *la celebración y la venida del rey*, *Ruth* es una historia que tiene a Jesucristo entretejido en su tejido mismo.

Pero ese mensaje nunca puede ser visto o realizado aparte de la cruz. Sin la cruz, simplemente no está allí. Pero por Cristo, por la cruz, *está ahí*. Y podemos verlo. Y esta es también nuestra seguridad para la esperanza que tenemos en Él. Vemos a Jesús. Y como el nombre, Noemí, significa Mi Delicia, nosotros también podemos ser llamados Noemí; porque somos Su delicia.

Y hemos aprendido en esta parábola viviente, esta maravillosa historia de pérdida, amor, sacrificio y restauración, que Dios nos ama y está haciendo que todas las cosas sean para nuestro bien; incluso cuando todo nuestro mundo parece desmoronarse.

La asamblea del Señor

LIBRO de la generación de Jesucristo , hijo de David, hijo de Abraham...

Mateo 1:1

Deuteronomio 23:3 Ningún amonita ni moabita entrará en la asamblea del SEÑOR; ninguno de sus descendientes, aun hasta la décima generación, entrará jamás en la asamblea del SEÑOR, (LBLA)

Ya hemos visto este pasaje antes. Hay varias interpretaciones entre los eruditos en cuanto a lo que significaba no entrar *en la asamblea del SEÑOR*. Pero existe *esta* asamblea:

Mateo 1:1 Libro de la genealogía de Jesucristo, hijo de David, hijo de Abraham.
1:2 Abraham fue padre de Isaac, Isaac de Jacob, y Jacob de Judá y de sus hermanos;
1:3 Judá fue padre de Fares y de Zara, cuya madre fue Tamar; Fares fue padre de Esrom, y Esrom de Aram;
1:4 Aram fue padre de Aminadab, Aminadab de Naasón, y Naasón de Salmón;
1:5 Salmón fue padre de Booz, cuya madre fue Rahab; Booz fue padre de Obed, cuya madre fue Ruth (NBLA)

Esta es la primera sección de la genealogía de Jesucristo en el evangelio de Mateo. Y este es el orden de esa genealogía: Abraham, Isaac, Jacob, Judá, Fares, Esrom, Aram, Aminadab, Naasón y Salmón - diez generaciones en *esta asamblea del Señor*, o la reunión de nombres en la genealogía de Jesucristo, quien es *el Señor*. Y tan fiel como Dios es a Su Palabra, ningún moabita se encontrará allí. Pero mira quién entró en el número once:

Mateo 1:5 Booz fue padre de Obed, cuya madre fue Ruth (NBLA)

Apéndice

Sobre los significados de los nombres

Los significados de los nombres, como Booz, Belén, Elimelec, etc., estos se pueden encontrar en las siguientes fuentes:

Léxico hebreo e inglés de Brown-Driver-Briggs

Diccionario Bíblico de Fausset

Concordancia exhaustiva de Strong (Diccionario hebreo)

Diccionario Bíblico Hitchcock

Cuando Ruth destapó los pies de Booz

Hay muchas ideas que los estudiosos y otros han ofrecido sobre lo que significaba destapar los pies de Booz. Algunas de estas ideas implican actividad sexual. Algunos han razonado que la palabra "pies" puede ser un eufemismo para la parte privada de un hombre. Pero el problema con las teorías que se inclinan en esa dirección es que la Biblia no oculta la verdad en lo que respecta a la sexualidad.

Nunca se confunde la actividad sexual dondequiera que se registre en las Escrituras. Ya se trate de las hijas de Lot en la cueva con su padre (Éxodo 19:30-37), de Onán y Tamar (Génesis 38:8-9), de Judá y Tamar (Génesis 38:15-18), de la mujer de Putifar y José (Génesis 39), de Amnón y Tamar (2 Samuel 13:11-14), del Cantar de los Cantares, y de demasiados otros casos mencionados, el uso de la terminología sexual no falta en la Palabra de Dios.

Sería ajeno a la integridad de las Escrituras hacer una excepción a esta regla de honestidad directa y cruda por la que se conoce y se confía en la Biblia. Sin embargo, es muy común y muy humano poner en las Escrituras ideas que tomamos del mundo que nos rodea. Por supuesto, cerca del final de la historia, vemos que Booz luego que entró á Ruth y Dios la hizo concebir (Ruth 4:13). Así que hubo actividad sexual, pero después de que se casaran.

Acerca de Hiram

Hiram es el hombre que se encargó de la construcción del templo de Salomón. Hizo las dos columnas y les dio sus nombres, según las instrucciones de la mano de Dios sobre David. Era de Tiro. Los habitantes de Tiro no eran israelitas. Adoraban a otros dioses. Entonces, ¿por qué Salomón seleccionaría a este hombre de Tiro para supervisar la construcción del templo de Dios?

Probablemente Dios le dijo a Salomón que hiciera eso. Como en todas las cosas, Dios sabe lo que hace; y no nos ha dejado desinformados. Y si has estado prestando atención, Dios favorece a las viudas. También parece partidario de ciertos matrimonios mixtos.

1 Reyes 7:13 Y el rey Salomón envió a buscar a Hiram de Tiro.
7:14 Este era hijo de una viuda de la tribu de Neftalí, y su padre era un hombre de Tiro, artífice en bronce; estaba lleno de sabiduría, inteligencia y pericia para hacer cualquier obra en bronce. Y él vino al rey Salomón e hizo toda su obra.
7:15 Fundió las dos columnas de bronce; la altura de una columna era de dieciocho codos, y un cordel de doce codos medía la circunferencia de las dos. And King Solomon sent and brought Hiram out of Tyre. (LBLA)

Acabamos de terminar de leer el libro de Ruth, una historia sobre las viudas. E Hiram era hijo de una viuda de la tribu de Neftalí. Era el hombre perfecto para el trabajo.

Acerca del columna llamado Jachîn

1 Reyes 7:21 Y asentó las columnas delante del templo, la una á la mano derecha, y la otra á la izquierda; y á la de la mano derecha llamó Jachîn, y á la de la izquierda, Booz.

Jachin era el nombre de ese otro pilar que hizo Hiram. También es el nombre de otro hombre de Israel. Era el cuarto hijo de Simeón (Génesis 46:10). Tuvo muchos descendientes, conocidos como los jaquinitas (Números 26:12). Pero aparte de estas referencias, no sabemos nada sobre Jachin. Y, sin embargo, Dios había ordenado que el nombre de uno de los dos pilares de Su templo fuera Jachin. Vimos lo que Jesús dijo en Apocalipsis:

Apocalipsis 3:12 Al que venciere, yo lo haré columna en el templo de mi Dios

No sabemos por qué Dios honró el nombre de Jachin en uno de los pilares de Su templo. Pero lo hizo. Dios tomó nota de Jachin. Es muy probable que escuchemos más sobre él; más tarde. Pero primero hay que conocer a Jesús para que eso suceda. Hay personas de las que nunca leemos ni escuchamos aquí en la tierra, que pueden tener historias tan grandiosas o incluso mayores que las que se encuentran en nuestras Biblias. Y Él todavía está escribiendo Su historia en nuestras vidas.

Tamar

La historia de Tamar comienza en Génesis 38. Era cananea y nuera de Judá. Y es una mujer asombrosa. Ella ocupa el terreno de otro campo de batalla en esta guerra de la semilla y la serpiente. Su historia comenzó con dos muertos y sin descendencia (semilla). Los dos hombres que murieron eran sus maridos. Tras la muerte de ambos, quedó viuda sin hijos durante años. Este es nuestro primer punto de referencia conocido en el que un hombre debía casarse con la viuda de su hermano para criar descendencia para su hermano fallecido.

Génesis 38:6 Entonces Judá tomó mujer para Er su primogénito, la cual se llamaba Tamar.

38:7 Pero Er, primogénito de Judá, era malvado ante los ojos del SEÑOR, y el SEÑOR le quitó la vida.

38:8 Entonces Judá dijo a Onán: Llégate a la mujer de tu hermano, y cumple con ella tu deber como cuñado, y levanta descendencia a tu hermano.

38:9 Y Onán sabía que la descendencia no sería suya; y acontecía que cuando se llegaba a la mujer de su hermano, derramaba su semen en tierra para no dar descendencia a su hermano.

38:10 Pero lo que hacía era malo ante los ojos del SEÑOR; y también a él le quitó la vida.

Judá había dispuesto que su primer hijo, Er, se casara con la joven Tamar. Pero Er era malo a *los ojos del SEÑOR, y el SEÑOR le quitó la vida.* (38:7) No sabemos qué hizo Er, pero debió de ser muy, muy malo. El resultado final fue que Tamar ya no tenía marido.

Onán tenía el potencial de ser el primer goel (pariente-redentor) de la Biblia. Pero se negó a honrar a su padre y cumplir con su deber para con Tamar. Y lo que hizo Onán fue probablemente más que un evento único, y fue cruel. Como sucedió con Er, así sucedió con Onán. El Señor también lo mató.

En caso de que no lo hayas notado, el Señor todavía hace eso hoy. Lo hace en Su iglesia con Su pueblo. Lo hizo con Ananías y Safira (Hechos 5:1-10). Y Pablo tuvo que explicarle a la gente de la iglesia en Corinto que Dios lo estaba haciendo con ellos.

1 Corintios 11:30 Por esta razón hay muchos débiles y enfermos entre vosotros, y muchos duermen.
1Co 11:31 Pero si nos juzgáramos a nosotros mismos, no seríamos juzgados.
1Co 11:32 Pero cuando somos juzgados, el Señor nos disciplina para que no seamos condenados con el mundo. (LBLA)

Dios se reserva el derecho de juzgar a su pueblo, y la muerte física nunca es la última palabra sobre ninguno de los que le pertenecemos. Esta vida es temporal. El siguiente es el que cuenta. Es para siempre.

Volviendo a la historia de Tamar:

Génesis 38:11 Entonces Judá dijo a su nuera Tamar: «Quédate viuda en casa de tu padre hasta que crezca mi hijo Sela»; pues pensaba: «Temo que él muera también como sus hermanos». Así que Tamar se fue y se quedó en casa de su padre. (LBLA)

Judá nunca cumplió su promesa a Tamar. Sela creció. Eso lleva años. Y Judá se olvidó por completo de Tamar o evitó deliberadamente darle a su otro hijo. Todo lo que sabemos es que Judá no cumplió su promesa.

Génesis 38:12 Pasaron muchos días y murió la hija de Súa, mujer de Judá. Y pasado el duelo, Judá subió a los trasquiladores de sus ovejas en Timnat, él y su amigo Hira el adulamita.

Gen 38:13 Y se lo hicieron saber a Tamar, diciéndole: «Mira, tu suegro sube a Timnat a trasquilar sus ovejas».

Gen 38:14 Entonces ella se quitó sus ropas de viuda y se cubrió con un velo, se envolvió bien y se sentó a la entrada de Enaim que está en el camino de Timnat. Porque veía que Sela había crecido, y ella aún no había sido dada a él por mujer.

Gen 38:15 Cuando la vio Judá, pensó que era una ramera, pues se había cubierto el rostro. (NBLA)

Tamar puso a Judá en su punto de mira. Él le había prometido un hijo que le diera descendencia para llevar el nombre de su difunto esposo. Se lo debía a ella. Debemos ser cautelosos en nuestro enfoque de lo que hizo Tamar en lo que se refiere a nuestra comprensión de la inmoralidad sexual. Ella poseía un derecho legal que le pertenecía por promesa. Dios ve eso. También fue viuda, dos veces. Dios tiene un lugar especial en Su corazón para las viudas.

Proverbios 15:25 Jehová asolará la casa de los soberbios: mas él afirmará el término de la viuda.

El Señor vio que Tamar había sido descuidada todos esos años. Judá, por otro lado, es una historia diferente. Su intención era puramente sexual, por lo que entró y tuvo relaciones sexuales con una mujer que pensó que era una prostituta.

Génesis 38:16 Y se desvió hacia ella junto al camino, y le dijo: Vamos, déjame estar contigo; pues no sabía que era su nuera. Y ella dijo: ¿Qué me darás por estar conmigo?

38:17 Él respondió: Yo te enviaré un cabrito de las cabras del rebaño. Y ella dijo: ¿Me darás una prenda hasta que lo envíes?

38:18 Y él respondió: ¿Qué prenda tengo que darte? Y ella dijo: Tu sello, tu cordón y el báculo que tienes en la mano. Y él se los dio y se llegó a ella, y ella concibió de él.

38:19 Entonces ella se levantó y se fue; se quitó el velo y se puso sus ropas de viuda.

38:20 Cuando Judá envió el cabrito por medio de su amigo el adulamita, para recobrar la prenda de mano de la mujer, no la halló.

38:21 Y preguntó a los hombres del lugar, diciendo: ¿Dónde está la ramera que estaba en Enaim, junto al camino? Y ellos dijeron: Aquí no ha habido ninguna ramera.

Como prenda de pago, Judá le dio su sello, su cordón y su bastón. Cuando envió a su amigo a pagarle a la mujer, ella ya no estaba. Y no sólo no estaba allí, sino que la gente de la zona decía que nunca había habido una ramera en aquel lugar. Hay que preguntarse qué clase de efecto debe haber tenido eso en la mente de Judá. ¿Cómo es posible que nunca haya habido una ramera allí? Le dio esos artículos a *alguien*.

Entonces Tamar quedó embarazada de Judá. Y cuando Judá supo que estaba encinta, mandó que la sacaran y la quemaran (sin saber que él mismo era el padre).

La lucha por Tamar fue una lucha por producir "semilla". Sus dos maridos murieron y ella se quedó sin hijos. El otro hijo que le fue prometido le fue negado. Así que ella tomó la iniciativa, y reclamó lo que fue prometido directamente de la fuente de la promesa: Judá. Al hacerlo, debe haber sabido que su vida pendiría de un hilo. Los objetos que Tamar tomó de Judá se convirtieron en su salvaguarda. Podemos cuestionar sus tácticas, pero Tamar arriesgó su vida por la "semilla" prometida.

Génesis 38:27 Y sucedió que al tiempo de dar a luz, he aquí, había mellizos en su seno.
38:28 Aconteció, además, que mientras daba a luz, uno de ellos sacó su mano, y la partera la tomó y le ató un hilo escarlata en la mano, diciendo: Este salió primero.
38:29 Pero he aquí, sucedió que cuando él retiró su mano, su hermano salió. Entonces ella dijo: ¡Qué brecha te has abierto! Por eso le pusieron por nombre Fares. 38:30 Después salió su hermano que tenía el hilo escarlata en la mano; y le pusieron por nombre Zara. (LBLA)

El nombre, Farez, significa *brecha*. Su hermano se llamaba Zara que significa, *ascendiendo*. El *ascendiendo* tomó un *brecha*. Se rompió otro "muro" y prevaleció la semilla prometida. Y Tamar tiene su lugar en la genealogía de Jesucristo.

Mateo 1:3 Judá fue padre de Fares y de Zara, cuya madre fue Tamar (LBLA)

Y vió también una viuda pobrecilla….

Lucas 21:2

Recursos

Meyers, Rick, e-Sword® - The Sword of the LORD with an electronic edge, versión 11.1.0 www.e-sword.net

Este recurso descargable proporcionó la mayoría de las traducciones de la Biblia utilizadas en este trabajo, para incluir los siguientes recursos de estudio de palabras, que son de dominio público:

Brown-Driver-Briggs Hebrew Definitions
Greek Old Testament (Septuagint) w/ Stong's Numbers
Fausset's Bible Dictionary
Hitchcock's Bible Dictionary
Strong's Hebrew and Greek Dictionary

Recursos para esta traducción al español:

Traductor de DeepL: https://www.deepl.com/translator

Traductor de Google: https://translate.google.com/

Traductor de Microsoft (Bing): https://www.bing.com/Translator

Traductor del diccionario Collins: https://www.collinsdictionary.com/us/translator

Y un agradecimiento muy especial a Gabriela.

www.ingramcontent.com/pod-product-compliance
Lightning Source LLC
Chambersburg PA
CBHW070959040426
42443CB00007B/574